写给儿童的百

XIEGEI ERTONG DE

BAIKE QUANSHU

ZHIWU LEYUAN

植物乐园

吉林文史出版社

图书在版编目（CIP）数据

写给儿童的百科全书：全6册／姝默编著．-- 长春：吉林文史出版社，2016.3

ISBN 978-7-5472-2525-7

Ⅰ．①写… Ⅱ．①姝… Ⅲ．①科学知识－儿童读物 Ⅳ．①Z228.1

中国版本图书馆CIP数据核字（2016）第048809号

写给儿童的百科全书（全6册）

出 版 人／孙建军
编　　著／姝默
选题策划／超美文化
责任编辑／钟杉　陈昊　张露
装帧设计／宋双成
出版发行／吉林文史出版社有限责任公司
网　　址／www.jlws.com.cn
印　　刷／三河市腾飞印务有限公司
版　　次／2016年6月第1版　　2016年6月第1次印刷
开　　本／150mm×215mm　1/16
字　　数／400千字（全6册）
印　　张／48（全6册）
书　　号／ISBN 978-7-5472-2525-7
定　　价／120.00元（全6册）
直销电话／0431-86037500
举报电话／0431-86037541

前言

QIANYAN

《写给儿童的百科全书》是一套以普及科学思想为主的少儿科普类读物。本书以活泼的体例和喜闻乐见的知识形式，通过丰富的图片资料和文字向读者讲述动植物王国的奇闻趣事，培养少儿热爱自然、热爱生命的本质，让小朋友学会科学知识，武装头脑，为将来的成长奠定基础。本套丛书是少儿了解自然和探索自然的必备丛书。

本套丛书共分六册，分别讲述了动物、恐龙、鸟类、海洋生物、昆虫、植物方面的知识。内容选材新颖、设计美观，配以丰富的图片，符合少年儿童的阅读习惯，是向孩子们普及科学知识的极佳书籍。

目录 MULU

植物的奥秘

趣说植物

有趣的植物世界

目录 MULU

有毒的植物

植物之最

植物的奥秘

植物世界中存在着很多不可思议的自然现象，也有很多奇趣横生的世界之最……植物王国的奥秘有很多，让我们一块儿走进这个神秘的植物世界吧！

zhí wù de jiā zú
植物的家族

在植物世界里，植物的家族很大很大，估计有五十万种以上。那么，这么多种植物，我们怎么能分得清呢？不用着急，我们是有办法的。

qīn ài de xiǎo péng yǒu nǐ zhī dao zhí wù shì shén me ma
亲爱的小朋友，你知道植物是什么吗？
zhī dao zhí wù yǒu duō shǎo lèi ma liǎo jiě zhí wù de shēng huó xí
知道植物有多少类吗？了解植物的生活习
xìng ma rú guǒ nǐ xiǎng liǎo jiě tā men bìng xiǎng hé tā men chéng wéi
性吗？如果你想了解它们并想和它们成为
hǎo péng you de huà nà me wǒ men yí kuài er
好朋友的话，那么我们一块儿
zǒu jìn zhí wù wáng guó de shén mì shì jiè
走进植物王国的神秘世界

去了解它们吧！

植物大概出现在30多亿年前，一部分是一辈一辈流传下来，另一部分是演变成新的植物。随着漫长时间的推移，于是，就有了这个五彩缤纷的植物世界。

自然界里的植物种类繁多，它们共同组成了一个庞大的家族。为了我们便于认识和利用它们，科学家们根据植物的形态结构、生活习性将其分为低等植物（藻类、菌类和地衣）和高等植物（苔藓植物、蕨类植物、被子植物和裸

子植物）。世界上所有的植物都可以归到高等植物或低等植物这两大类中，它不是高等植物就必然是低等植物。

要确定某一植物属高等植物还是低等植物是不困难的。在外形上，主要从有无根、茎、叶的分化来判断。一般来说，在高等植物中，根、茎、叶这二者的分化是极为明显的。但在高等植物的低级类群中，如苔类植物，整个植物呈叶状体，没有茎，在叶状体的腹面有单细胞丝状的假根；藓类植物虽有根、茎、叶的外形，但无根、茎、

yè de nèi bù gòu zào zhè xiē zhí wù suī rán tā men de gēn
叶的内部构造。这些植物，虽然它们的根、
jīng yè fēn huà bú chè dǐ dàn zuì guān jiàn de yì diǎn shì tā
茎、叶分化不彻底，但最关键的一点是，它
men dōu jù yǒu pēi zhè yí gòu zào suǒ yǐ tā men dōu shì
们都具有“胚”这一构造，所以，它们都是
gāo děng zhí wù
高等植物。

zhí wù de zhǒng lèi rú cǐ fán duō duì bù shú xi de rén lái
植物的种类如此繁多，对不熟悉的人来
jiǎng jiǎn zhí shì zá luàn wú zhāng rán ér dāng wǒ men dǒng de le
讲，简直是杂乱无章。然而，当我们懂得了
zhí wù de fēn lèi hòu jiù huì fā xiàn tā men qí shí shì gè yǒu suǒ
植物的分类后，就会发现它们其实是各有所
shǔ jǐng jǐng yǒu tiáo de
属，井井有条的。

知识小链接 ZHI SHI XIAO LIAN JIE

世界上有50万种植物，仅属于高等植物的就有20余万种，我国有高等植物3万余种。

zhǎo zé shī dì zhí wù
沼泽湿地植物

植物界的植物有些喜欢在沙漠中生活，有些喜欢在沼泽湿地中生活。今天我们就来了解沼泽湿地植物。

xiǎo péng yǒu men lǚ yóu shí jiàn guò hé huā ma
小朋友们旅游时见过荷花吗？

nǐ men xǐ huan hé huā ma　gǔ shī zhōng　jiē tiān lián yè wú
你们喜欢荷花吗？古诗中“接天莲叶无

qióng bì　yìng rì hé huā bié yàng hóng　jiù shì duì hé huā zhī měi
穷碧，映日荷花别样红”就是对荷花之美

de zhēn shí xiě zhào　hé huā　zhōng tōng wài zhí　bú wàn bù zhī
的真实写照。荷花“中通外直，不蔓不枝，

chū yū ní ér bù rǎn　zhuó qīng lián ér bù yāo
出淤泥而不染，濯清涟而不妖”

de gāo shàng pǐn zhì　gèng shì ràng wǒ men pèi fu
的高尚品质，更是让我们佩服

bù yǐ
不已。

hé huā quán shēn shì bǎo　ǒu hé
荷花全身是宝，藕和

lián zǐ néng shí yòng　lián
莲子能食用，莲

子、根茎、荷叶、花和种子都能入药。小朋友们肯定和我一样都是喜欢荷花的，其实，荷花就是湿地植物的一种。那么，什么是湿地植物呢？湿地植物泛指生长在湿地环境中的植物。广义的湿地植物是指生长在沼泽地、湿原、泥炭地或者水深不超过六米的水域中的

荷花

zhí wù
植物。

shī dì zhí wù jiā zú hěn dà bāo kuò zhǎo shēng zhí wù shī
湿地植物家族很大，包括沼生植物、湿
shēng zhí wù hé shuǐ shēng zhí wù tā men cháng nián shēng zhǎng zài jī
生植物和水生植物。它们常年生长在积
shuǐ huò qiǎn shuǐ zhōng zhí wù de gēn bù jìn méi yú shuǐ zhōng jīng yè
水或浅水中，植物的根部浸没于水中，茎、叶
dà bù fen lì yú shuǐ miàn zhī shàng bào lù zài kōng qì zhōng xiàng wǒ men
大部分立于水面之上，暴露在空气中。像我们
cháng jiàn de lú wěi xiāng pú shuǐ cōng hé huā shuì lián píng
常见的芦苇、香蒲、水葱、荷花、睡莲、萍、
fú píng děng dōu shì shī dì zhí wù
浮萍等都是湿地植物。

shī dì zhí wù bù jǐn yǒu guān shǎng de jià zhí hái shi yī
湿地植物不仅有观赏的价值，还是医
xué shàng bù kě quē shǎo de yào cái ne chú le zhè xiē rén gōng
学上不可缺少的药材呢？除了这些，人工
shī dì zhí wù hái yǒu jìng huà kōng qì de zuò yòng o xiǎo péng yǒu men
湿地植物还有净化空气的作用哦。小朋友们
dōu liǎo jiě shī de zhí wù le ba nǐ men shì bu shì yě hé wǒ yí
都了解湿地植物了吧，你们是不是也和我一
yàng yuàn yì hé tā men jiāo péng you le ne
样愿意和它们交朋友了呢？

知识小链接 ZHI SHI XIAO LIAN JIE

湿地植物芦苇，多年生草本植物。生于湿地或浅水，叶子披针形，茎中空，光滑，花紫色。茎可造纸、葺屋、编席等。根茎叫芦根，可供药用。穗可做扫帚。

zhēn yè lín
针叶林

针叶林植物又叫泰加林植物，广泛分布于世界的各个角落。

xiǎo péng yǒu men tīng shuō guò zhēn yè lín zhí wù ma yóu tā
小朋友们听说过针叶林植物吗？由它
de míng zi wǒ men kě yǐ xiǎng xiàng dé dào tā de yè zi
的名字我们可以想象得到它的叶子
shì zhēn xíng de dāng xiǎo péng yǒu men tīng dào zhè
是针形的。当小朋友们听到这
ge shí shì bu shì xiǎng shuō wa tài
个时，是不是想说：“哇，太
kě pà le wǒ gào su nǐ ya
可怕了！”我告诉你呀，
qí shí tā bìng bù kě pà nǐ men
其实它并不可怕。你们
jiàn guo sōng shù ba tā jiù shì qí
见过松树吧？它就是其
zhōng de yì zhǒng
中的一种。

nà me shén me shì
那么，什么是
zhēn yè lín ne tā shì
针叶林呢？它是

zhēn yè shù suǒ zǔ chéng de gè lèi sēn lín de zǒngchēng zhǔ yào yóu
针叶树所组成的各类森林的总称。主要由
yún shān lěngshān luò yè sōng hé sōng shù děng yī xiē nài hán shù
云杉、冷杉、落叶松和松树等一些耐寒树
zhǒng zǔ chéng tōngchángchēng wèi běi fāngzhēn yè lín yě chēng
种组成。通常称为北方针叶林，也称
tài jiā lín qí zhōngyóu luò yè sōng zǔ chéng de chēng
泰加林。其中由落叶松组成的称
wèi míngliàngzhēn yè lín yǐ yún shān lěngshān wèi jiàn
为明亮针叶林；以云杉、冷杉为建
qún shù zhǒng de chēng wèi àn zhēn yè lín
群树种的称为暗针叶林。

zhēn yè lín guǎng fàn fēn bù yú shì
针叶林广泛分布于世

针叶林

jiè gè dì ōu yà hé běi měi de běi fāng zhēn yè lín qū yǒu míng
界各地。欧亚和北美的北方针叶林区有明
xiǎn de dà lù xìng qì hòu tè diǎn dōng jì yán hán ér màn cháng
显的大陆性气候特点：冬季严寒而漫长，
xià jì wēn liáng ér duǎn cù dì qū zuì lěng yuè píng jūn wēn dù
夏季温凉而短促。地区最冷月平均温度
wèi
为 −10~20℃。

zhēn yè lín néng zài zhè yàng de huán jìng xia zhuó zhuàng chéng
针叶林能在这样的环境下茁壮成
zhǎng hái wèi wǒ men guó jiā tí gōng dà liàng de mù cái nǐ shì bu
长，还为我们国家提供大量的木材，你是不
shì yào shēn chū dà mu zhǐ duì tā men shuō yì shēng nǐ men tài wěi
是要伸出大拇指对它们说一声：“你们太伟
dà le wǒ xǐ huan nǐ men
大了，我喜欢你们！”

知识小链接 ZHI SHI XIAO LIAN JIE

落叶松喜欢阳光充足而较干旱的环境。森林常较稀疏而阳光直达林下。冬季落叶后，林下更是充满阳光。因此，落叶松林是典型的“明亮针叶林”。

hǎi bīn zhí wù
海滨植物

在海滨地区生活着许多海岸卫士，它们能防风固沙。这些海岸卫士是谁呢？它就是海滨植物。

xiǎo péng yǒu nǐ zhī dao shì shuí zài hǎi bīn chōng dāng le hǎi
小朋友，你知道是谁在海滨充当了海
àn wèi shì ma tā men shēng zhǎng zài màn cháng de hǎi àn xiàn shang
岸卫士吗？它们生长在漫长的海岸线上，
yóu yú huán jìng de dú tè tā men dà duō jù bèi fáng fēng gù shā
由于环境的独特，它们大多具备防风、固沙
de běn lǐng zhè ge hǎi àn wèi shì jiù shì hǎi bīn zhí wù
的本领。这个海岸卫士就是海滨植物。

海岸卫士主要生活在海滨地区，是由抗盐性强的植物和可在砂地上生长而耐旱性强的一些植物组成。例如红树类、野豌豆、滨旋花、筛草、矮苔（拟）、黑松、海桐花、车轮梅等。生长在海滨的植物大多数喜欢高盐分的土壤，这是这些海岸卫士的共同特点。它们不管采用什么方法抵御盐分的侵袭，新陈代谢的速度都很慢，生命力也不旺盛。不过，在适当的季节中，也可以发现许多其他少见的可食用植物在海边附近生长。

在众多的海岸卫士中，有一种植物的花特别巨大，特别显眼艳丽，这就是马鞍藤。马鞍藤乐于定居在沙滩或沙丘之上，它的茎极长，蔓茎平卧，向四面拓展，茎在节处长根，根入土极深，全株光滑，形似马鞍。紫红色、漏

dǒu zhuàng de xiǎo lǎ ba huā bù fēn jì jié zhàn fàng chū měi lì de huā
斗状的小喇叭花不分季节绽放出美丽的花

duǒ bīn fēn de huā hǎi jiù rú de zhān yí yàng hóng huā lǜ yè xiāng
朵，缤纷的花海就如地毡一样，红花绿叶相

huī yìng yīn ér bó dé hǎi bīn huā hòu zhī měi míng
辉映，因而博得“海滨花后”之美名。

xiàng zhè zhǒng hǎi àn wèi shì néng zài zhè zhǒng tè shū de tǔ
像这种海岸卫士能在这种特殊的土

rǎng zhōng shēng zhǎng hái néng chuàng zào chū shǔ yú zì jǐ de yí piàn
壤中生长，还能创造出属于自己的一片

tiān dì bù dé bú lìng rén pèi fu ya
天地，不得不令人佩服呀！

知识小链接 ZHI SHI XIAO LIAN JIE

东非印度洋上塞舌尔共和国塞舌尔群岛上的椰子树，结出的椰子直径可达50厘米，是世界上最大的果实。有趣的是，这种果实还分雌雄。

shā mò wéi jiā
沙漠为家

有些植物喜欢生活在沼泽地中，而有些植物喜欢生活在沙漠中。像这种以沙漠为家的植物，你了解多少呢？

xiǎo péng yǒu dāng nǐ tīng dào shā mò zhè ge dì fang
小朋友，当你听到“沙漠”这个地方
de shí hou nǐ huì xiǎng dào shén me ne shì bu shì bù máo
的时候，你会想到什么呢？是不是“不毛
zhī dì cùn cǎo bù shēng huāng wú zhī de huáng shā gǔn
之地”“寸草不生”“荒芜之地”“黄沙滚
gǔn de huà miàn huì jí kè zhǎn xiàn zài yǎn qián shì de wǒ
滚”的画面会即刻展现在眼前？是的，我
men dōu zhī dao shā mò de qì hòu yì cháng gān zào mēn rè nà
们都知道，沙漠的气候异常干燥闷热，那
lǐ zhěng nián bú xià yǔ àn lǐ shuō zhè yàng è liè de huán jìng
里整年不下雨。按理说，这样恶劣的环境

下没有植物能够生存下来。但事实不是这样的，我就见过，沙拐枣花就是生活在沙漠的。

沙拐枣花有嫩黄色、浅粉色和浅玫红色，像缩小的蒲公英一样挤在一起，层层叠叠，大大小小，有高有矮，尽情地开放，展现出一种顽强生命力带来的震撼之美。温室培育的花骨朵儿，在被誉为“戈壁玫瑰”的沙拐枣花面前是那样的苍白无力。像沙拐枣花一样在沙漠环境中生存的植物就是沙漠植物。

zhè xiē shā mò zhí wù tā men de yè zi biàn yì chéng xì cháng
这些沙漠植物它们的叶子变异成细长
de cì huò bái máo kě yǐ jiǎn ruò qiáng liè yáng guāng duì zhí zhū de
的刺或白毛，可以减弱强烈阳光对植株的
wēi hài jiǎn shǎo shuǐ fèn zhēng fā
危害，减少水分蒸发。

zhè xiē shā mò zhí wù zhī suǒ yǐ néng zhàn fàng zì jǐ de càn
这些沙漠植物之所以能绽放自己的灿
làn shì yīn wèi tā men jù bèi le yǐ xià tè diǎn dà duō shù
烂，是因为它们具备了以下特点：1. 大多数
dōu yǒu fā dá de gēn xì yǐ zēng jiā duì shā tǔ zhōng shuǐ fèn de xī
都有发达的根系，以增加对沙土中水分的吸
qǔ bǐ rú hú yáng gè tóu xiǎo zhè yàng jiù néng bǎo zhèng
取，比如胡杨；2. 个头小，这样就能保证
zì jǐ yǒu chōng zú de yǎng fèn hé shuǐ bǐ rú luò tuo cì shā
自己有充足的养分和水，比如骆驼刺；3. 沙
mò zhí wù biàn yì yòng lái bǎo chí shuǐ fèn bǐ rú xiān rén zhǎng kē
漠植物变异，用来保持水分，比如仙人掌科

zhí wù
植物。

xiǎo péng yǒu men dāng wǒ gěi nǐ men jiè shào le shā mò zhí wù
小朋友们，当我给你们介绍了沙漠植物

hòu shì bu shì shōu huò hěn duō shì bu shì yě bèi tā men wán qiáng
后，是不是收获很多？是不是也被它们顽强

de shēng mìng lì suǒ zhé fú shì bu shì yě xiǎng zuò yí gè zhè yàng
的生命力所折服？是不是也想做一个这样

de rén ne shì bu shì yě xiǎng dào shā mò qù yì dǔ tā men de fēng
的人呢？是不是也想到沙漠去一睹它们的风

cǎi ne
采呢？

知识小链接 ZHI SHI XIAO LIAN JIE

沙漠植物种类很多，像大犀角、芦荟、百岁兰、绿之铃、红皮沙拐枣、生石花、仙人掌、白刺等。

shén qí de zhǒng zi
神奇的种子

每个人的心灵都是一片花园。有的人的花园繁花似锦，有的人的花园杂草丛生。一位诗人曾经说过：“满园的鲜花，其实只源于一粒小小的种子。”

shī rén shuō mǎn yuán de xiān huā zhǐ yuán yú yí lì
诗人说：“满园的鲜花，只源于一粒
xiǎo xiǎo de zhǒng zi duì ya wú lùn zhǒng zi duō me xiǎo
小小的种子。”对呀，无论种子多么小，
duō me bù qǐ yǎn tā nǔ lì fèn dòu yí yàng kě yǐ kāi yí yuán de
多么不起眼，它努力奋斗一样可以开一园的
huā zhǒng zi shì nà me de shén qí yǒu lì liang nǐ xiǎng liǎo jiě
花。种子是那么的神奇，有力量，你想了解

种子发芽儿

tā ma ràng wǒ men yí kuài er zǒu jìn tā men de lè yuán ba
它吗？让我们一块儿走进它们的乐园吧！

zhǒng zi yǒu yí gè páng dà de jiā zú zài zhè ge jiā zú
种子有一个庞大的家族。在这个家族
li tā de xiōng dì jiě mèi hěn duō yuē yǒu wàn zhǒng tā
里，它的兄弟姐妹很多，约有20万种。它
men dōu shì zhǒng zi zhí wù de xiǎo bǎo bèi ér zhǒng zi zhí wù dà
们都是种子植物的小宝贝，而种子植物大
gài zhàn shì jiè zhí wù de yí bàn er hái yào duō
概占世界植物的一半儿还要多。

zhǒng zi zhōng de dà wáng nà jiù shì fù yē zi le xiǎo péng
种子中的大王那就是复椰子了。小朋
yǒu men nǐ men zhī dao fù yē zi ma fù yē zi de yàng zi gēn
友们，你们知道复椰子吗？复椰子的样子跟
yē zi hěn xiāng xiàng hǎo xiàng shì bǎ liǎng gè yē zi chóng hé zài yì
椰子很相像，好像是把两个椰子重合在一
qǐ suǒ yǐ jiào tā fù yē zi fù yē zi shì yǐ zhī zuì dà de
起，所以叫它复椰子。复椰子是已知最大的
guǒ yuē xū nián cái chéng shú tā zhòng yuē jīn ne
果，约需10年才成熟。它重约40斤呢。

种子发芽儿

小麦

kě yǐ shuō shì zhǒng zi jiè de dà
可以说是种子界的“大
kuài tóu le ba
块头”了吧！

wǒ men zhī dao le zhí
我们知道了植
wù jiè de zhǒng zi dà gē
物界的种子大哥
le xiàn zài wǒ men shuō
了，现在我们说
shuo zuì xiǎo de zhǒng zi
说最小的种子
ba yǒu yì zhòng zhí wù
吧！有一种植物
jiào bān yè lán tā de zhǒng
叫斑叶兰，它的种
zi xiǎo de jiǎn zhí xiàng huī chén yí
子小得简直像灰尘一
yàng wàn lì zhǒng zi zhǐ yǒu kè zhòng yì lì bān yè
样，10万粒种子只有0.05克重，1亿粒斑叶
lán zhǒng zi cái liǎngchóng
兰种子才1两重。

水稻

zhǒng zi de xíng zhuàng
种子的形状

qiān qí bǎi guài yǒu yuán xíng
千奇百怪，有圆形、
biǎn yuán xíng tuǒ yuán xíng
扁圆形、椭圆形、
shuǐ dī xíng cháng yuán xíng shèn
水滴形、长圆形、肾
zàngxíng gǎn lǎn xíng bù guī zé
脏形、橄榄形、不规则

玉米

形等，有的还长毛、带倒钩等。

小朋友们，你们从种子的种类、大小和形状上了解了种子的很多知识，收获很多吧！如果你还想了解它们更多的知识，那你们要好好学习，长大自己来收集资料喽！

知识小链接 ZHI SHI XIAO LIAN JIE

人工种子：人工种子又称人造种子，这是细胞工程中最年轻的一项新兴技术。最初是由英国科学家于1978年提出的。他认为利用体细胞胚的特征，把它包埋在胶囊中，可以形成种子的性能并直接在田间播种。

zhǒng zi de qí miào zhī lǚ
种子的“奇妙之旅”

大千世界无奇不有，种子的延续方法多种多样，它们都有各自的一套传播种子的本领。

zài dà zì rán zhōng zhí wù yào shēng cún fā zhǎn jiù huì
在大自然中，植物要生存发展，就会
xiǎng jìn bàn fǎ lái fán yǎn zì jǐ de hòu dài yú shì měi zhòng zhí
想尽办法来繁衍自己的后代。于是，每种植
wù dōu yǒu ràng zì jǐ de zhǒng zi lǚ xíng de tè shū běn lǐng
物都有让自己的种子“旅行”的特殊本领，
cái shǐ dé zhǒng zi kě yǐ guǎng wèi chuán bō tā men méi yǒu jiǎo
才使得种子可以广为传播。它们没有脚，

指甲花

méi yǒu chì bǎng nà zhǒng zi zěn yàng lǚ xíng ne xià miàn wǒ
没有翅膀，那种子怎样“旅行”呢？下面我
gěi nǐ men jiǎng jiang qí zhōng de jǐ zhǒng ba
给你们讲讲其中的几种吧！

xiǎo péng yǒu men zhī dao zhǐ jia huā ba zhǐ jia huā yòu jiào
小朋友们知道指甲花吧？指甲花又叫
fèng xiān huā fèng xiān huā de zhǒng zi zěn yàng lǚ xíng ne
“凤仙花”，凤仙花的种子怎样旅行呢？
tā bú kào fēng bú kào dòng wù yě bú kào shuǐ ér shì zì
它不靠风，不靠动物，也不靠水，而是“自
lì gēng shēng tā de guǒ shí zài liè kāi shí guǒ pí xiàng nèi
力更生”。它的果实在裂开时，果皮向内
juǎn suō yòu tū xiàng wài shēn zhāng jiāng zhǒng zi tán chū zhè jiù
卷缩，又突向外伸张，将种子弹出。这就
shì tōng cháng shuō de tán shè chuán bō yǒu de shū miàn shang
是通常说的“弹射传播”，有的书面上
yě jiāng qí chēng wèi jī xiè chuán bō
也将其称为“机械传播”。

pú gōng yīng shì yì zhǒng hěn piào liang de huā tā de shàng
蒲公英是一种很漂亮的花，它的上

蒲公英

miàn yǒu yì céng bái sè de xiǎo róng máo， zhè jiù shì tā de zhǒng
面有一层白色的小绒毛，这就是它的种
zi。 pú gōng yīng de zhǒng zi hěn qīng， fēng yì chuī， zhǒng zi biàn
子。蒲公英的种子很轻，风一吹，种子便
chéng zháo fēng piāo qi lai， jiù xiàng yì bǎ bǎ xiǎo xiǎo de
乘着风飘起来，就像一把把小小的
“jiàng luò sǎn”。 fēng yì tíng， zhǒng zi biàn huì
“降落伞”。风一停，种子便会
luò xia lai， zài xīn de huán jìng zhōng shēng gēn
落下来，在新的环境中生根
fā yá。
发芽。

hái yǒu yī xiē zhǒng zi xū yào niǎo de
还有一些种子需要鸟的
bāng zhù lái wán chéng zì jǐ de lǚ yóu jì
帮助来完成自己的旅游计
huá。 xiàng yīng tao、 yě pú tao、 yě
划。像樱桃、野葡萄、野
shān cān jiù shì zhè yàng de。 zhè
山参就是这样的。这
xiē zhǒng zi wài ké dōu hěn jiān
些种子外壳都很坚
yìng， děng xiǎo niǎo huò qí
硬，等小鸟或其
tā dòng wù bǎ zhǒng
他动物把种
zi chī jìn dù zi，
子吃进肚子，
yóu yú xiāo huà bú
由于消化不
diào， biàn suí fèn biàn
掉，便随粪便

野葡萄

pái chu lai chuán bō dào sì miàn bā fāng
排出来传播到四面八方。

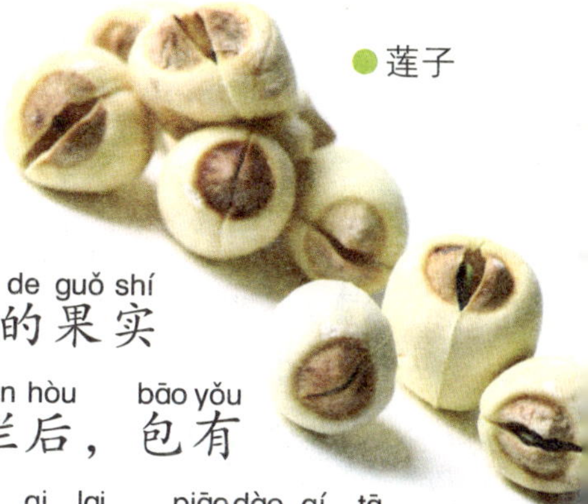
莲子

hái yǒu hěn duō xiàng lián děng zhí wù de zhǒng zi shì kào shuǐ gū niang de bāngmáng cái wánchéng lǚ yóu de
还有很多像莲等植物的种子，是靠水姑娘的帮忙才完成旅游的。

shuì lián de guǒ shí chéngshú hòuchén rù shuǐ dǐ guǒ pí fǔ làn hòu bāo yǒu hǎi miánzhuàngwài pí de zhǒng zi jiù huì fú qi lai piāodào qí tā dì fang
睡莲的果实成熟后沉入水底，果皮腐烂后，包有海绵状外皮的种子就会浮起来，漂到其他地方。

zhǒng zi de chuán bō fāng shì hái yǒu hěn duō wǒ yě xiǎngbiàn chéng yì kē zhǒng zi kāi shǐ wǒ de qí miào zhī lǚ
种子的传播方式还有很多，我也想变成一颗种子，开始我的奇妙之旅。

知识小链接 ZHI SHI XIAO LIAN JIE

植物种子的传播有两种方式：一是借助外力，如风力、水力、动物和人类的携带；二是依靠自身所产生的力量。

zhǒng zi de lì liang
种子的力量

小朋友，你都知道“大力士”吧？当说到这个词的时候，你会想到什么呢？其实种子就是一个“大力士”，你相信吗？

yǒu rén wèn shì jiè shang shén me dōng xi lì qi zuì dà
有人问：世界上什么东西力气最大？
yǒu rén shuō shì dà xiàng yǒu rén shuō shì jī qi yě yǒu rén shuō
有人说是大象，有人说是机器，也有人说……
qí shí dá àn dōu bú duì shì jiè shang lì qi zuì dà de shì zhí wù
其实答案都不对，世界上力气最大的是植物
de zhǒng zi
的种子。

rú guǒ shí kuài xià miàn yǒu xiǎo cǎo xiǎo cǎo xiǎng yào shēng
如果石块下面有小草，小草想要生
zhǎng jí shǐ shàng miàn de shí tou zài zhòng jí shǐ shí kuài yǔ shí kuài
长，即使上面的石头再重，即使石块与石块
zhī jiān de fèng xì zài zhǎi tā zǒng yào wán qiáng bù qū de tǐng chū dì
之间的缝隙再窄，它总要顽强不屈地挺出地
miàn lái tā de gēn yì zhí wǎng tǔ li zuān tā de yá yì zhí xiàng
面来。它的根一直往土里钻，它的芽一直向
dì miàn shang zuān zhè shì yì zhǒng wú fǎ xiǎng xiàng de lì liang
地面上钻，这是一种无法想象的力量。

yǒu rén zuò le yí gè shí yàn zài yì zhī jiān yìng de tiě tǒng
有人做了一个实验：在一只坚硬的铁桶
zhōng zhuāng mǎn le dòu lèi de zhǒng zi fàng shàng shuǐ rán hòu
中装满了豆类的种子，放上水，然后
bǎ tǒng gài hǎo jīng guò jǐ tiān zhī hòu rén men jìng jīng qí de fā
把桶盖好。经过几天之后，人们竟惊奇地发
xiàn nà zhī jiān gù de tiě tǒng yǐ liè kāi huǐ huài yì zhī tiě tǒng
现，那只坚固的铁桶已裂开。毁坏一只铁桶
shì yào fèi hěn dà de lì qi ér zhǒng zi què cuī huǐ le zhè ge jiān
是要费很大的力气，而种子却摧毁了这个坚
gù de tiě tǒng zhè jiù shì zhǒng zi de lì liang yí lì xiǎo xiǎo de
固的铁桶，这就是种子的力量。一粒小小的
zhǒng zi jìng rán yùn cáng le rú cǐ bù kě zǔ dǎng yòu rèn xìng shí zú
种子竟然蕴藏了如此不可阻挡又韧性十足

种子

de lì liang tā wài biǎo hěn wēi xiǎo dàn shì lì liang què shì bù kě
的力量。它外表很微小，但是力量却是不可

gū liáng de
估量的。

méi yǒu yí gè rén jiāng zhǒng zi jiào zuò dà lì shì dàn shì tā
没有一个人将种子叫作大力士，但是它

de lì liang zhī dà dí què shì jiè hǎn jiàn
的力量之大，的确世界罕见。

知识小链接 ZHI SHI XIAO LIAN JIE

一粒种子可以显现出来的力量，简直是超越一切的。甚至机械所不能做到的事情，它却能办到。

qí miào de "shēn cái"
奇妙的"身材"

在植物界中，生活着形态各异的植物。有高大挺拔的白杨，也有身材矮小的绿草，它们为什么有如此大的差别呢？

xiǎo péng yǒu men xì xīn guān chá wǒ men zhōu wéi de shì jiè
小朋友们细心观察我们周围的世界：
yǒu tǐng bá ér zhí lì de bái yáng yǒu ē
有挺拔而直立的白杨，有婀
nuó duō zī de chuí liǔ yě yǒu jiāo
娜多姿的垂柳，也有娇
xiǎo kě rén de lǜ cǎo
小可人的绿草……

垂柳

它们之所以有如此大的区别，那都是茎的功劳。

无论是挺拔的高树，还是迎风不倒的小草，都离不开茎这个坚强的后盾。植物的茎在植物体中具有强大的支撑和抗御的能力。小朋友们如果不细心看茎的外形，都以为是一样的呢。其实不是，茎的外形是多种多样的。大多数植物的茎是圆柱形，像我们熟悉的月季花和杨树。并不是所有的植物的茎都是圆柱形的，也有呈四棱或五棱、六棱形的，比如木本植物卫矛。另外还有少数植物的茎呈扁平状，如我们常见的仙人掌、仙人指。还有一部分植物的茎是方柱形，比如蚕豆、薄荷……

月季花

茎真调皮，让不同植物有着巨大的差别。猴面包树是一种较高大的树，它原产非洲热带草原，土名叫波巴布树。它的树干高不过20米左右，而胸径却可达15米以上，往往要十几个成年人拉手才能合抱。树冠直径可达50米以上。由于它看上去活像个大胖子，因此当地居民又称它为“大胖子树”。然而，我们常见的路边的小草，却是高不过尺，茎细得只有几毫米。

植物之所以出现不同的形态，那是因为神奇的形成层决定的。因为形成层的细胞具有特别旺盛的分裂能力。

知识小链接 ZHI SHI XIAO LIAN JIE

草本植物的茎中没有像树木那样的绕茎一圈的形成层，而且它们的生活周期很短，经常在它的茎还没来得及长粗时，生命就结束了，所以草本植物的茎都很细。

luò yè de mì mì
落叶的“秘密”

小朋友们都有自己的小秘密不愿意与别人分享，落叶也有小“秘密”，你们想知道吗？

qiū tiān dào le shù yè biàn huáng le yí zhèn qiū fēng chuī
秋天到了，树叶变黄了，一阵秋风吹
guò shù yè fēn fēn yáng yáng de piāo luò xia lai jiǎo cǎi zài luò yè
过，树叶纷纷扬扬地飘落下来。脚踩在落叶
shang xīn qíng píng tiān le jǐ fēn chóu chàng kě shì nǐ xiǎng guò ma
上，心情平添了几分惆怅。可是你想过吗？
zhí wù wèi shén me huì luò yè ne shuí shì zhè fú xiāo tiáo qiū jǐng tú
植物为什么会落叶呢？谁是这幅萧条秋景图

de shè jì zhě ne
的设计者呢？

tiān lěng le rén men shēng shang huǒ lú chuān shang mián
天冷了，人们生上火炉，穿上棉

yī kě shì shù mù ne tā men zěn yàng ān quán guò dōng ne
衣，可是树木呢？它们怎样安全过冬呢？

zhè shí shù mù zhǐ yǒu tuō jìn quánshēn de shù yè yào bu rán tiān
这时树木只有脱尽全身的树叶，要不然，天

hán dì dòng kuángfēng hū háo shù gēn xī shōushuǐ fèn yǐ jīng hěn kùn
寒地冻，狂风呼号，树根吸收水分已经很困

nan ér shù yè de zhēng téng zuò yòng què zhào cháng jìn
难，而树叶的蒸腾作用却照常进

xíng nǐ xiǎng xiang kàn děng dài shù mù de chú le
行。你想想看，等待树木的除了

sǐ wáng hái huì yǒu shén me ne
死亡还会有什么呢？

shù mù wèi shén me yào luò yè ne zhè lǐ yǒu yí gè xiǎo
树木为什么要落叶呢？这里有一个小
mì mì yào gào su dà jiā ya yuán lái shù mù wèi le zì
“秘密”要告诉大家呀！原来，树木为了自
wǒ bǎo hù xū yào xiū mián ér yuè dōng xiū mián shù mù běn shēn yě xū
我保护需要休眠，而越冬休眠树木本身也需
yào yǎng fèn wèi le tiáo jié zì jǐ de tǐ nèi píng héng hěn duō shù
要养分，为了调节自己的体内平衡，很多树
dōu xū yào luò yè jiǎn shǎo shuǐ fèn yǎng fèn de sǔn hào chǔ xù
都需要落叶，减少水分、养分的损耗，储蓄
néng liàng děng dào lái nián zài fā yá
能量，等到来年再发芽。

rén men cháng yòng qiū fēng sǎo luò yè lái xíng róng wēn dài
人们常用“秋风扫落叶”来形容温带

dì qū de qiū tiān de jǐng sè qiū tiān dào le yáng shù huái shù
地区的秋天的景色。秋天到了，杨树、槐树
děng kuò yè shù de yè zi jiàn jiàn shuāi lǎo suí zhe sè sè de qiū
等阔叶树的叶子渐渐衰老，随着瑟瑟的秋
fēng kū huáng de shù yè biàn qiǎo rán piāo luò le nǐ yě xǔ huì wèi
风，枯黄的树叶便悄然飘落了。你也许会为
shù yè de piāo luò ér wǎn xī dàn shì nǐ kě céng xiǎng dào luò yè
树叶的飘落而惋惜，但是你可曾想到，落叶
qià qià shì shù mù de zì wǒ bǎo hù
恰恰是树木的自我保护。

zhí wù luò yè shì yào jiǎn shǎo zhēng téng zuò yòng zhǔn bèi ān
植物落叶是要减少蒸腾作用，准备安
quán guò dōng de yì zhǒng běn lǐng
全过冬的一种本领。

知识小链接 ZHISHI XIAO LIAN JIE

一年四季均长有绿叶的植物有油松、马尾松、红松、雪松、茶、冬青等。并不是这些植物的叶子永不脱落，相反，这些植物每年都有枯叶脱落，因为这些植物的叶子寿命较长，有的可生活几年至十多年。

趣说植物

在神奇的植物王国里，有许多有趣的植物，有的艳丽好看，有的坚固无比，有的倔强，真是形态各样。这些植物是地球上的奇珍异宝，为我们人类提供了物质基础。

“高营养”的五谷杂粮

俗话说：“人吃五谷杂粮，绿色健康有营养。”那么，你知道“五谷杂粮”是指什么吗？

小朋友们要想有健康的身体，就要合理饮食，不要偏食。我们应该多吃“五谷杂粮”，因为五谷杂粮是人们膳食结构的基础，也能预防身体的疾病产生。虽然它们不是药物，但是它们却有着药物不可替代的作用，对人体的营养平衡起着重要的调节作用。那么，你们知道

大米

wǔ gǔ zhǐ de shì shén me ma wǔ
“五谷”指的是什么吗？五

gǔ shì dào shǔ jì mài
谷是稻、黍、稷、麦、

shū
菽。

dào zhǔ yào zài yà zhōu
稻主要在亚洲、

ōu zhōu nán bù hé rè dài měi zhōu
欧洲南部和热带美洲

jí fēi zhōu bù fen dì qū dào
及非洲部分地区。稻

de zǒng chǎn liàng zhàn shì jiè liáng shi
的总产量占世界粮食

zuò wù chǎn liàng dì sān wèi lián hé guó
作物产量第三位，联合国

jiāng nián dìng wèi guó jì dào mǐ nián wǒ guó nán fāng de
将2004年定为“国际稻米年”。我国南方的

shuǐ tián dà duō shù dōu zhòng dào tā běn shēn yǒu xiē nián kě yǐ
水田大多数都种稻。它本身有些黏，可以

yòng lái niàng jiǔ yě kě yǐ zuò chéng mǐ gāo hái kě yǐ chǎo zhe
用来酿酒，也可以做成米糕，还可以炒着

chī wèi dào dōu
吃，味道都

hěn hǎo
很好。

shǔ yě
黍也

jiào shǔ zi
叫黍子，

huá běi gè de pǔ
华北各地普

小米

biàn zāi zhòng shǔ dàn huáng sè qù pí hòu sú chēng huáng mǐ
遍栽种。黍，淡黄色，去皮后俗称黄米，
huáng mǐ zài mó chéng miàn sú chēng huáng mǐ miàn xìng nián cháng yòng
黄米再磨成面俗称黄米面，性黏，常用
lái zuò huáng gāo niàng jiǔ
来做黄糕、酿酒。

jì shì bǎi gǔ zhī cháng zhōng guó gǔ dài bǎ guó jiā chēng wèi
稷，是百谷之长。中国古代把国家称为
shè jì shè zhǐ tǔ dì jì wéi liáng shi kě jiàn jì zài gǔ dài
社稷，社指土地，稷为粮食，可见稷在古代
rén mín shēng huó zhōng de zhòng yào dì wèi jì jù yǒu gāo dù kàng hàn
人民生活中的重要地位。稷具有高度抗旱
nài rè kàng chóng hài shēng zhǎng qī duǎn děng yōu diǎn shì zhōng
耐热、抗虫害、生长期短等优点。是中
guó běi fāng gān hàn dì qū zhǔ yào liáng shi zuò wù zhī yī
国北方干旱地区主要粮食作物之一。

mài yǒu liǎng gè hái zi nà jiù shì dà mài hé xiǎo mài
麦有两个孩子，那就是大麦和小麦，
zhǔ yào zhòng zhí yú huá běi dì qū dà mài shǔ yī nián shēng hé
主要种植于华北地区。大麦属一年生禾

麦子

běn gǎn cū zhuàng guāng huá wú máo zhí lì xiǎo mài yè qiào wú
本，秆粗壮，光滑无毛、直立；小麦叶鞘无
máo yè shé mó zhì duǎn xiǎo yè piàn píng zhǎn tiáo zhuàng pī
毛，叶舌膜质、短小，叶片平展，条状披
zhēn xíng
针形。

shū yòu jiào dà dòu zāi péi shǐ yǐ jīng yǒu nián le
菽又叫大豆，栽培史已经有5000年了，
shì gǔ dài zhòng yào de liáng shi zuò wù bèi liè wéi wǔ gǔ zhī yī
是古代重要的粮食作物，被列为五谷之一。

xiǎo péng yǒu nǐ zhī dao shén me shì wǔ gǔ zá liáng le
小朋友，你知道什么是“五谷杂粮”了
ma dàn shì xiàn zài wǔ gǔ zá liáng fàn zhǐ liáng shi
吗？但是现在五谷杂粮泛指粮食。

知识小链接 ZHI SHI XIAO LIAN JIE

李时珍在《本草纲目》中记载谷类有33种，豆类有14种，总共47种之多。现在通常说的五谷杂粮，是指稻谷、麦子、高粱、大豆、玉米，而习惯地将米和面粉以外的粮食称作杂粮，所以五谷杂粮也泛指粮食作物。

zhí wù de jì yì
植物的记忆

小朋友，你听说过“老马识途”的故事吗？故事中的老马凭着超强的记忆力将迷路的主人带出了山林，这就证明动物有记忆力。那么，植物也有记忆力，你相信吗？

xiǎo péng yǒu rú guǒ yǒu rén shuō zhí wù hé dòng wù yí
小朋友，如果有人说，植物和动物一
yàng yǒu jì yì néng lì kǒng pà nǐ tīng le nán yǐ zhì xìn dàn shì
样有记忆能力，恐怕你听了难以置信。但是
zhè zhǒng shuō fǎ yǒu yí dìng de yī jù
这种说法有一定的依据。

bù jiǔ qián zhí wù kē xué jiā zài sān yè guǐ zhēn cǎo
不久前，植物科学家在“三叶鬼针草”
de shēn shang jìn xíng le yí xiàng yǒu qù de shí yàn jié guǒ zhèng
的身上进行了一项有趣的实验。结果证
míng zhí wù yǒu yí dìng de jì yì néng lì
明，植物有一定的记忆能力。

yǒu rén zhǎo lái liǎng pén jīn zhǎn huā zài tā gāng gāng fā yá
有人找来两盆金盏花，在它刚刚发芽
shí yòng zhēn zài yī pén jīn zhǎn huā de yè zi shang cì chū gè xiǎo
时用针在一盆金盏花的叶子上刺出4个小

dòng fēn zhōng hòu zài bǎ jīn zhǎn huā de dǐng yá hé yè zi jiǎn
洞。5分钟后，再把金盏花的顶芽和叶子剪
diào guò le yí duàn shí jiān zhè zhū jīn zhǎn huā zhǎng chū le xīn
掉。过了一段时间，这株金盏花长出了新
de dǐng yá dàn xīn zhǎng chū de yè zi zuǒ cè de yí piàn yè zi
的顶芽。但新长出的叶子，左侧的一片叶子
hěn xiǎo yòu cè de yí piàn yè zi què hěn dà ér méi yǒu jīng zhēn
很小，右侧的一片叶子却很大；而没有经针
cì de nà pén huā zhǎng chū de yè zi réng shì duì chèn de zhè shuō
刺的那盆花，长出的叶子仍是对称的。这说
míng jīn zhǎn huā shì yǒu jì yì lì de
明金盏花是有记忆力的。

zhè xiē zhí wù zěn me huì yǒu jì yì ne zhè shì wǒ men wú
这些植物怎么会有记忆呢？这是我们无
fǎ lǐ jiě de zhí wù kē xué jiā men shuō zhí wù de jì yì yǔ
法理解的。植物科学家们说，植物的记忆与

dòng wù de jì yì wán quán bù tóng yīn wèi tā men méi yǒu shén jīng
动物的记忆完全不同，因为它们没有神经
xì tǒng huò xǔ shì yī lài lí zǐ shèn tòu bǔ chōng ér wán chéng
系统，或许是依赖离子渗透补充而完成
de shí jì shàng guān yú zhí wù yǒu méi yǒu jì yì de yí wèn
的。实际上，关于植物有没有记忆的疑问，
zài mù qián hái shi yí gè méi yǒu bèi chè dǐ jiě kāi de mí tuán xiǎo
在目前还是一个没有被彻底解开的谜团。小
péng yǒu wǒ men xiàn zài yào nǔ lì xué xí zhǎng dà hòu lái jiě jué
朋友，我们现在要努力学习，长大后来解决
zhè xiē wèi jiě zhī mí hǎo ma
这些未解之谜好吗？

知识小链接 ZHI SHI XIAO LIAN JIE

植物的确有它们的记忆系统，断枝再长、嫁接、被风吹弯了腰，风停了以后又复原等都是因为记忆的原因。科学家经过多次实验进一步发现，植物的记忆力大约能保留13天。

zhí wù de nián líng
植物的年龄

小朋友们都知道自己的年龄，可是你知道植物的年龄吗？植物的年龄从哪里看呢？

yì tiān zài gōng lù de liǎng biān tǎng zhe hěn duō bèi kǎn fá de shù mù shù mù shang yǒu xǔ duō de yuán quān wǒ bù zhī dào zhè shì shén me yú shì wèn fá mù gōng rén gōng rén shū shu gào su wǒ zhè shì nián lún kě yǐ kān chū shù mù de nián líng

一天，在公路的两边躺着很多被砍伐的树木，树木上有许多的圆圈。我不知道这是什么，于是问伐木工人。工人叔叔告诉我，这是年轮，可以看出树木的年龄。

huí dào jiā hòu wǒ shàng wǎng chá yuè le yǒu guān nián lún de yì xiē zhī shi

回到家后，我上网查阅了有关年轮的一些知识。

nián lún shì shù mù zài shēng zhǎng guò chéng zhōng shòu jì jié yǐng xiǎng xíng chéng de yì nián chǎn shēng yì quān tā jì zǎi le shù mù

年轮是树木在生长过程中受季节影响形成的，一年产生一圈。它记载了树木

年轮

dù guò le duōshao gè chūn qiū fǎn yìng le shù mù gēn dà zì rán jìn
度过了多少个春秋，反映了树木跟大自然进
xíng jiào liàng de jiān nán lì chéng yīn cǐ yóu zhǔ gān jī bù nián lún
行较量的艰难历程。因此，由主干基部年轮
de shù mù jiù kě yǐ liǎo jiě zhè kē shù de niánlíng
的数目就可以了解这棵树的年龄。

zhí wù nián lún de kuānzhǎi shū mì jì fǎn yìng le shù mù de
植物年轮的宽窄疏密，既反映了树木的
niánshēngzhǎngliàng yòu jì lù le qì hòu biàn huà de qíngkuàng měi
年生长量，又记录了气候变化的情况。每
niánchūn jì qì hòuwēn hé yǔ liàngchōng pèi shù mù shēngzhǎng
年春季，气候温和，雨量充沛，树木生长
hěn kuài xíngchéng de xì bāo tǐ jī dà shù liàng duō nián lún
很快，形成的细胞体积大、数量多，年轮
zé kuān shū jūn yún ér zài qiū jì qì wēn jiàn liáng yǔ liàng xī
则宽疏均匀；而在秋季，气温渐凉，雨量稀
shǎo shù mù shēngzhǎnghuǎnmàn xíngchéng de xì bāo tǐ jī xiǎo
少，树木生长缓慢，形成的细胞体积小、
shùliàngshǎo nián lún zé xiá zhǎi
数量少，年轮则狭窄。

nián lún shì hěn shén qí de yīn wèi wǒ men kě yǐ lì yòng
年轮是很神奇的。因为我们可以利用
shù mù de nián lún biàn bié fāngxiàng ne jù shuō cóngqián yǒu yí gè
树木的年轮辨别方向呢。据说，从前有一个
liè rén dǎ liè shí zài sēn lín li zhǎo bu dào huí jiā de lù le
猎人，打猎时在森林里找不到回家的路了。

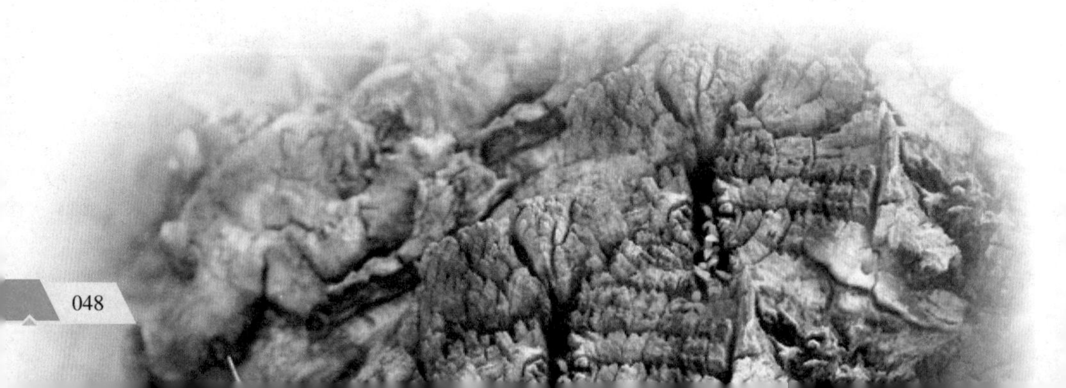

dāng shí tiān kōng de wū yún dǎng zhù le tài yáng gēn běn wú fǎ biàn
当时，天空的乌云挡住了太阳，根本无法辨
bié nán běi tā zài sēn lín li zǒu de yòu lèi yòu è hū rán liè
别南北。他在森林里走得又累又饿。忽然，猎
rén ná chū liè dāo xuē píng le shù zhuāng rèn zhēn guān chá shàng miàn de
人拿出猎刀削平了树桩，认真观察上面的
nián lún hěn kuài pàn bié chū nán běi bù jiǔ liè rén jiù zǒu chū le
年轮，很快判别出南北，不久，猎人就走出了
sēn lín
森林。

wèi shén me mí lù de liè rén néng gòu yī jù nián lún biàn bié chū
为什么迷路的猎人能够依据年轮辨别出
fāng xiàng ne zhè shì yīn wèi zài běi bàn qiú shù gàn de nán miàn
方向呢？这是因为：在北半球，树干的南面
yáng guāng chōng zú yīn cǐ shēng zhǎng wàng shèng měi nián zhǎng de
阳光充足，因此生长旺盛，每年长得
duō suǒ yǐ nián lún kuān shù gàn běi cè hěn shǎo jiàn dào yáng guāng
多，所以年轮宽；树干北侧很少见到阳光，
shēng zhǎng huǎn màn suǒ yǐ nián lún jiào zhǎi liè rén jiù shì zhè yàng
生长缓慢，所以年轮较窄。猎人就是这样
pàn duàn le fāng xiàng zhǎo huí le jiā
判断了方向找回了家。

nián lún nǐ duō me shén qí ya
年轮，你多么神奇呀！

知识小链接 ZHI SHI XIAO LIAN JIE

北半球年轮间隔相对密的一侧是北侧，间隔相对宽的一侧是南侧。南半球正好相反，年轮相对密的一侧是南侧，相对间隔大的一侧是北侧。简而言之就是“北半球年轮南宽，南半球年轮北宽。”

yǒu qù de "gōng jī xià dàn"
有趣的"公鸡下蛋"

小朋友们，你们听说过"公鸡下蛋"吗？没有听说过吧！在这里让你们见识见识植物界中的"公鸡下蛋"。

dāng xiǎo péng yǒu men tīng dào gōng jī xià dàn zhè jiàn shì qing shí shì bu shì gǎn dào bù kě sī yì ya zài dòng wù jiè li zhè yě xǔ shì bù kě néng de dàn shì zài zhí wù jiè què yǒu cǐ shì

当小朋友们听到"公鸡下蛋"这件事情时，是不是感到不可思议呀？在动物界里这也许是不可能的，但是在植物界确有此事。

zài shòu jīng guò chéng zhōng luǎn hé yǔ jīng zǐ jié hé chǎn shēng zhǒng zi zài yóu zhǒng zi fā yù chéng zhí zhū suǒ yǐ zài xì bāo zhōng bāo hán zhe lái zì fù mǔ shuāng fāng de liǎng tào yí chuán wù zhì rǎn sè tǐ dàn shì yě yǒu méi yǒu mā ma de zhí wù bǐ rú yóu yí lì huā fěn fā yù ér chéng de zhí zhū jiù méi yǒu mā ma jiù hǎo

在受精过程中卵核与精子结合，产生种子，再由种子发育成植株。所以在细胞中包含着来自父母双方的两套遗传物质——染色体。但是也有没有妈妈的植物，比如，由一粒花粉发育而成的植株就没有妈妈，就好

xiàng shì gōng jī xià dàn yí yàng
像是“公鸡下蛋”一样，
hòu dài quán shì xióng zhū xiàng zhè
后代全是雄株，像这
zhòng zhí wù jiào dān bèi tǐ zhí
种植物叫单倍体植
wù dān bèi tǐ zhí wù zài
物。单倍体植物在
zì rán tiáo jiàn xià zhǐ yǒu yí tào
自然条件下只有一套
rǎn sè tǐ hěn shǎo yǒu huā fěn yǔ luǎn
染色体，很少有花粉与卵
xì bāo jié hé ér chǎn shēng xià yí dài zhè zhǒng dān bèi tǐ zhí wù
细胞结合而产生下一代。这种单倍体植物
de rǎn sè tǐ bù néng pèi duì shì yóu huā fěn zhí jiē zhǎng chéng xiǎo
的染色体不能配对，是由花粉直接长成小
miáo suǒ yǐ zhè zhǒng zhí wù jiù méi yǒu zhǒng zi
苗，所以这种植物就没有种子。

xiǎo péng yǒu men zhè huí zhēn zhèng jiàn shi le zhí wù jiè zhōng de
小朋友们，这回真正见识了植物界中的
gōng jī xià dàn le ba zhè ge zhí wù wáng guó hěn qí miào ba
“公鸡下蛋”了吧！这个植物王国很奇妙吧！

黄瓜

知识小链接 ZHI SHI XIAO LIAN JIE

花粉培育植株：我国植物学家目前已经开始对小麦、小辣椒、茄子和油菜等的花药进行了研究，并培育出了优良的品种已应用于生产。

hǎi dài de fán yǎn
海带的繁衍

“冬天幼苗夏成熟，滔滔海水是活土，根浮水面随浪晃，身潜水中漫起舞。”聪明的小朋友们，你们能猜出这是什么植物吗？对了，就是海带。

xiǎo péng yǒu men nǐ men ài chī hǎi dài ma jiàn guò hǎi dài ma bié kàn hǎi dài zhǎng xiàng chǒu lòu dàn shì yíng yǎng jià zhí bù fán rén men dōu zhī dao tā hán yǒu fēi cháng fēng fù de wēi liàng yuán sù néng fáng zhì jiǎ zhuàng xiàn zhǒng dà shì cān zhuō shang de měi wèi jiā yáo

小朋友们，你们爱吃海带吗？见过海带吗？别看海带长相丑陋，但是营养价值不凡。人们都知道它含有非常丰富的微量元素，能防治甲状腺肿大，是餐桌上的美味佳肴。

hǎi dài shì hǎi li de zǎo lèi zhí wù shēng zhǎng zài hǎi dǐ yǒu hǎi

海带是海里的藻类植物，生长在海底，有“海

海带

dǐ sēn lín zhī chēng hǎi dài chéngzōng sè yě hán yè lǜ sù
底森林”之称。海带呈棕色，也含叶绿素，
dàn yīn hán yǒu hè sè sù tài nóng suǒ yǐ bǎ lǜ sè zhē zhù le
但因含有褐色素太浓，所以把绿色遮住了。
hǎi dài yě yī kào yè lǜ sù jìn xíngguāng hé zuòyòng
海带也依靠叶绿素进行光合作用。

hǎi dài yì bān shēng huó zài qiǎn hǎi li tā yǒu jiǎ gēn dàn
海带一般生活在浅海里。它有假根但
bìng bu néngyòng lái xī qǔ yǎng liào shì yòng lái gù zhuó zài yán shí
并不能用来吸取养料，是用来固着在岩石
shang yīn ér yòuchēng wèi gù zhuó qì hǎi dài jì méi yǒu jīng yě
上，因而又称为固着器。海带既没有茎，也
méi yǒu zhī quánshēn jiù xiàng yī tiáo chángcháng de yè zi
没有枝，全身就像一条长长的叶子。

kě shì hǎi dài bú huì kāi huā jiē zǐ nà me tā shì
可是，海带不会开花结籽。那么，它是
zěn me fán zhí de ne hǎi dài shǔ bāo zǐ zhí wù fán zhí fāng fǎ
怎么繁殖的呢？海带属孢子植物，繁殖方法
jiào qí tè xiān zài yè zi shang
较奇特：先在叶子上
zhǎng chū xǔ duō kǒu dai yí
长出许多口袋一
yàng de bāo zǐ náng
样的孢子囊，
lǐ miàn yǒu xǔ duō bāo
里面有许多孢
zǐ bāo zǐ chéng
子。孢子成
shú shí bāo zǐ náng pò
熟时孢子囊破
liè lǐ tou de bāo
裂，里头的孢

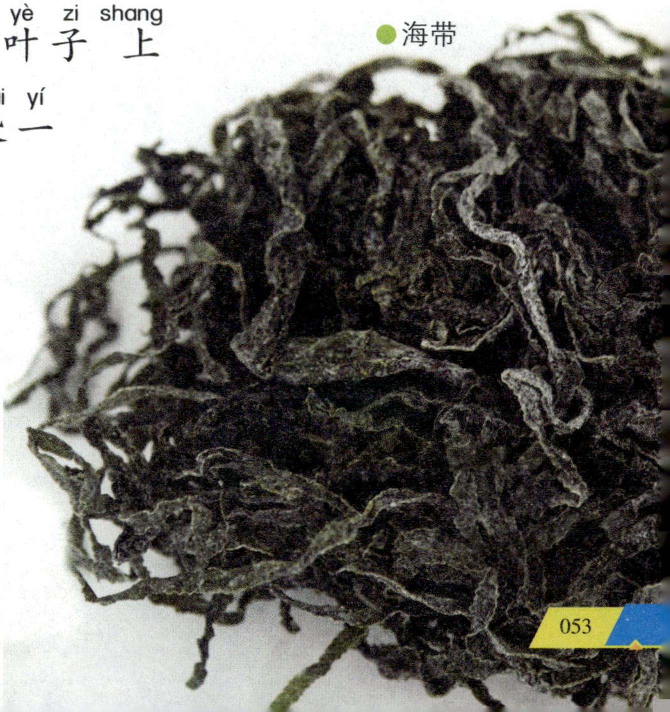
海带

zǐ jiù chū lai le yòng liǎng gēn biān máo zài hǎi li yóu yǒng dāng tā
子就出来了，用两根鞭毛在海里游泳。当它

men luò zài hǎi dǐ de yán shí shang zài shì yí de tiáo jiàn xià jiù huì
们落在海底的岩石上，在适宜的条件下就会

fā yá zhǎng chéng yì tiáo hǎi dài
发芽长成一条海带。

hǎi dài de fán zhí fāng shì hěn yǒu qù ba
海带的繁殖方式很有趣吧！

知识小链接 ZHI SHI XIAO LIAN JIE

海带是一种保健食品，是个碘的仓库。在干的海带里含碘将近1%。碘，是人体内不可缺少的元素，它直接关系到人的智力。

干海带

植物的“感情”

俗话说：人非草木，孰能无情。难道草木真的没有感情吗？其实不然。

人们从来都认为植物是没有感情、不会思考的。然而，近几十年来，许多科学家却用实验证明，植物是有感情的。

1966年，美国中央情报局专家巴克斯特开创了研究植物感情的先河。他

金盏花

jiāng yí bù gǎi zhuāng de jì lù cè liáng yí yǔ zhí wù xiāng lián
将一部改装的记录测量仪与植物相连，
rán hòu yòng huǒ bǎ yè zi shāo jiāo tā zài cì huá rán huǒ chái de yí
然后用火把叶子烧焦。他再次划燃火柴的一
shùn jiān yí qì shang de zhǐ zhēn chū xiàn le míng xiǎn biàn huà dāng
瞬间，仪器上的指针出现了明显变化。当
tā shǒu chí huǒ chái zǒu jìn zhí wù shí jì lù yí de zhǐ zhēn kāi shǐ
他手持火柴走近植物时，记录仪的指针开始
jù liè bǎi dòng xiǎn rán zhí wù duì cǐ hěn kǒng jù gèng yǒu qù de
剧烈摆动，显然植物对此很恐惧。更有趣的
shì dāng bā kè sī tè duō cì chóng fù zhè zhǒng xíng dòng què yòu
是，当巴克斯特多次重复这种行动，却又
bú zài zhēn zhèng shāo zhí wù hòu zhí wù gǎn jué dào zhè zhǐ shì bú
不再真正烧植物后，植物感觉到这只是不
huì fù zhū shí jiàn de wēi xié
会付诸实践的威胁，
màn màn bú zài hài pà zuì
慢慢不再害怕。最
hòu zài shǐ yòng tóng yàng de
后，再使用同样的
fāng fǎ biàn bù néng shǐ zhí wù gǎn
方法便不能使植物感
dào kǒng jù le
到恐惧了。

果实

yǒu wèi gē chàng jiā jǐ
有位歌唱家给
jīn zhǎn huā bō fàng jǐ zhǒng
金盏花播放几种
jié rán bù tóng de yīn yuè
截然不同的音乐：
jīn zhǎn huā tīng le róu hé diǎn
金盏花听了柔和典

金盏花

yǎ de dōngfāng yuè qǔ gēn xì zhǎng de cū zhuàng fā dá ér gěi
雅的东方乐曲，根系长得粗壮发达；而给
tā men tīng le shí máo de yáo gǔn yuè qǔ shí zhè xiē zhí wù dōu xiàng
它们听了时髦的摇滚乐曲时，这些植物都向
xiāng fǎn de fāng xiàng zhǎng wéi kǒng bì zhī bù jí shèn zhì bú xìng
相反的方向长，唯恐避之不及，甚至不幸
de sǐ qù le
地死去了。

zhǒng zhǒng shí yàn zhèng míng zhí wù shì yǒu gǎn qíng de yì
种种实验证明：植物是有感情的。一
xiē kē xué jiā rèn wéi zhí wù yǔ dòng wù yí yàng yě yǒu gǎn qíng
些科学家认为，植物与动物一样也有感情。
dāng zhí wù shòu dào cì jī hòu tǐ nèi huì chǎn shēng xiāng yìng de fǎn
当植物受到刺激后，体内会产生相应的反
yìng dàn shì yě yǒu kē xué jiā rèn dìng zhí wù zhōng gēn běn méi yǒu
应。但是，也有科学家认定植物中根本没有
shén jīng xì tǒng yīn cǐ bù kě néng yǒu gǎn qíng
神经系统，因此不可能有感情。

guān yú zhí wù yǒu méi yǒu gǎn qíng zhè ge wèn tí mù
关于“植物有没有感情”这个问题，目
qián réng rán cún zài zhe hěn dà de zhēng lùn xiǎo péng yǒu men wǒ men
前仍然存在着很大的争论。小朋友们，我们
xiàn zài yào hǎo hǎo xué xí yīn wèi zhí wù jiè hái yǒu xǔ xǔ duō duō de
现在要好好学习，因为植物界还有许许多多的
mì mì děng zhe wǒ men qù tàn suǒ qù jiē kāi qí zhōng de ào mì
秘密等着我们去探索，去揭开其中的奥秘。

知识小链接 ZHI SHI XIAO LIAN JIE

《植物的感应》：书中写出爬虫类或两栖类动物的皮肤与植物的表皮对外界刺激的反应非常相似。

有趣的植物世界

世界之大，无奇不有。在我们生活的世界中，到处都存在着我们可能闻所未闻、见所未见的奇特、有意思的植物。正因为有了它们，世界才充满了无穷的乐趣。

míng bù xū chuán de jiǎo shā zhí wù
名不虚传的绞杀植物

植物中里有一种特别厉害的植物，它能杀死周围的植物，你想知道是什么吗？让我们一块儿走进绞杀植物的世界里。

shì jiè zhī dà, wú qí bù yǒu. zhí wù néng shā sǐ
世界之大，无奇不有。“植物能杀死
qí tā zhí wù zhè ràng rén nán yǐ zhì xìn, dàn què yǒu cǐ lèi
其他植物”这让人难以置信，但却有此类
xiànxiàng
现象。

zài rè dài yǔ lín zhōng chángcháng néng kàn dào yì xiē téng běn
在热带雨林中，常常能看到一些藤本
zhí wù téngwàn shùn zhe dà shù de zhī gān mànshēng xiàng yì gēn gēn
植物，藤蔓顺着大树的枝干蔓生，像一根根
jiǎo suǒ bǎ dà shù jǐn jǐn lēi zhù yǒu zhǒng téng běn zhí wù jiào wāi
绞索，把大树紧紧勒住。有种藤本植物叫歪
yè róng zhǎng zhe xíng rú jù mǎng bān de cū cháng téng wàn jǐn jǐn
叶榕，长着形如巨蟒般的粗长藤蔓，紧紧
de chán rào zài dà shù shang dà shù shòu dào kǔn bǎng jǐ yā wú
地缠绕在大树上。大树受到捆绑挤压，无

fǎ shēngzhǎng zuì hòu jiù kū sǐ le téngwànchán rào zài guāng tū
法生长，最后就枯死了。藤蔓缠绕在光秃
tū de zhī gānshang zài fēngzhōngyáo bǎi xiàng gè yīn hún bú sàn de
秃的枝干上，在风中摇摆，像个阴魂不散的
jiǎo shā guǐ sì jī kuī shì zhe lìng yì kē dà shù
“绞杀鬼”伺机窥视着另一棵大树。

chú le wāi yè róng hái yǒu yì zhǒng gāo shān róng tā de
除了歪叶榕，还有一种高山榕，它的
guǒ shí hěn yǒu yòu huò lì niǎozhuó shí hòu méi xiāo huà de zhǒng zi
果实很有诱惑力，鸟啄食后，没消化的种子
suí fèn biàn pái chū ǒu ěr luò dào shù gàn huò zhī gānshang jiù kāi
随粪便排出，偶尔落到树干或枝干上，就开

shǐ shēng gēn fā yá qí qì shēng gēn zhǎng chu lai hòu yǒu de shùn
始生根发芽。其气生根长出来后，有的顺
zhe jì zhǔ shù xiàng xià pá xíng yǒu de chuí diào zài kōng zhōng màn
着寄主树向下爬行，有的垂吊在空中，慢
màn de luò dào dì miàn zài zhā rù tǔ zhōng qì gēn yuè zhǎng yuè duō
慢地落到地面再扎入土中。气根越长越多，
zòng héng jiāo cuò chéng wǎng zhuàng jǐn jǐn de tiē zhù jì zhǔ shù de zhī
纵横交错成网状，紧紧地贴住寄主树的枝
gān zhēng duó yáng guāng yǔ yǎng liào jì zhǔ shù zuì hòu jiù zài zhì
干，争夺阳光与养料，寄主树最后就在窒
xī zhōng jiàn jiàn sǐ qù
息中渐渐死去。

zhè huí xiǎo péng yǒu men zhēn zhèng jiàn shi le jiǎo shā zhí wù de
这回小朋友们真正见识了绞杀植物的
lì hai le ba
厉害了吧！

知识小链接 ZHI SHI XIAO LIAN JIE

植物之间为了生存进行着一场争夺阳光和土壤养分的激烈竞争。在自然竞争中，那些具有生长优势的植物物种，可以得到充足的阳光和养料。

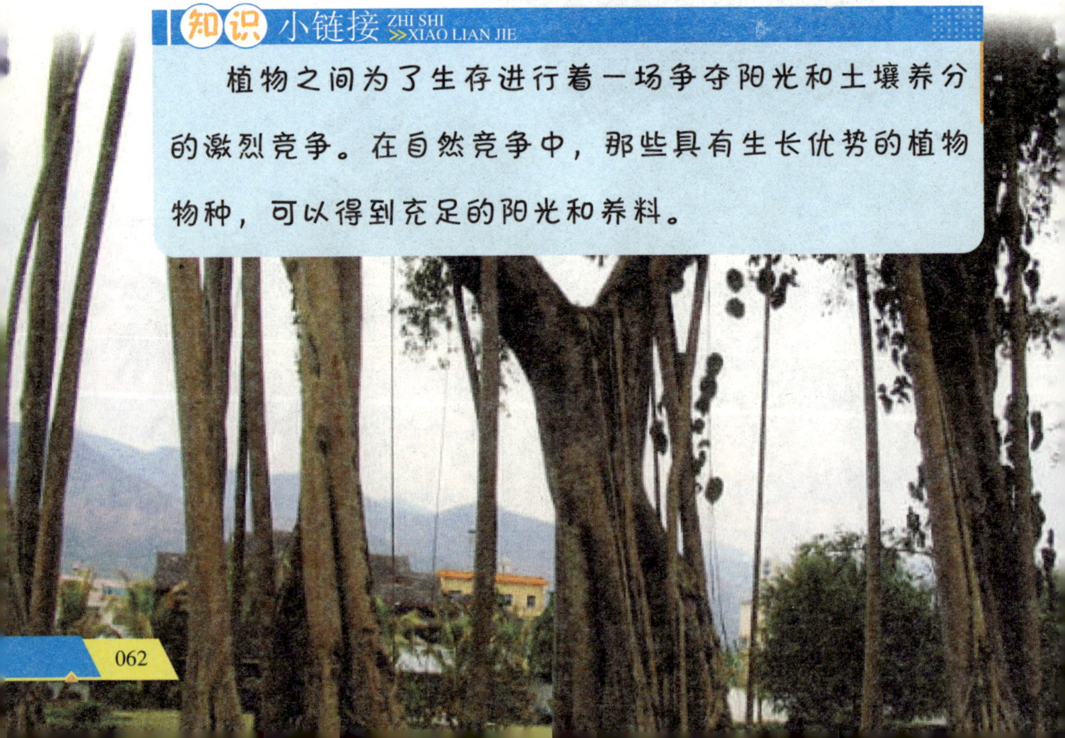

niǎo de tiān táng róng shù
“鸟的天堂”——榕树

小朋友，你知道被称为“鸟的天堂”的是什么树吗？它就是高大茂密的大榕树。你想了解这个“天堂”吗？

zài guǎng dōng xīn huì xiàn de tiān mǎ hé zhōng yǒu yí gè měi lì
在广东新会县的天马河中有一个美丽
de xiǎo dǎo dǎo shang jiù yǒu yì kē dà róng shù zhè kē dà róng
的小岛，岛上就有一棵大榕树。这棵大榕
shù hěn cū gè rén yě zhǐ néng miǎn qiǎng bào zhù nà cū cāo de
树很粗，6个人也只能勉强抱住，那粗糙的

榕树

shù pí jiàn zhèng le lì shǐ de cāngsāng　tā de yè zi chéng tuǒ yuán
树皮见证了历史的沧桑。它的叶子呈椭圆
xíng　yī céngcéng zhǎng de mì mi má má de　bǎ tiān fēng de yán
形，一层层，长得密密麻麻的，把天封得严
yán shi shi　zhǐ néng tóu xià xīng xing diǎn diǎn de guāng bān le　róng
严实实，只能投下星星点点的光斑了。榕
shù de shù gàn hěn zhí　zhī gān gǔ guài de wān qū zhe　chéngqiānshàng
树的树干很直，枝干古怪地弯曲着，成千上
wàn de qì gēn chuí diào xia lai　jì xiàng lǎo yé ye nà chángcháng de
万的气根垂吊下来，既像老爷爷那长长的
hú xū　yòu xiàngróngshù yé ye nà yù hán de yī shang　suī rán
胡须，又像榕树爷爷那御寒的衣裳……虽然
jīng lì guò wú shù cì fēng qīn yǔ shí　dàn tā yī rán zhǎng de shí fēn
经历过无数次风侵雨蚀，但它依然长得十分
cōng yù　zhuàng lì　zhèng shì yīn wèi zhè kē róngshù yǒu jù dà de shù
葱郁、壮丽。正是因为这棵榕树有巨大的树
guān hé nóng mì de zhī yè　xiǎo niǎo cái yuàn yì dào zhè lǐ dǎng fēng
冠和浓密的枝叶，小鸟才愿意到这里挡风
zhē yǔ　zhè kē dà róngshù shang jù jí zhe xǔ xǔ duō duō de niǎo
遮雨。这棵大榕树上聚集着许许多多的鸟，
suǒ yǐ bèi chēng wèi　niǎo de tiān táng
所以被称为“鸟的天堂”。

dà róngshù bù jǐn shì niǎo de tiān táng　hái shi rén
大榕树不仅是鸟的天堂，还是人
men de　lǜ sè tiān táng　chūn tiān　yǔ jìng jìng de
们的“绿色天堂”。春天，雨静静地

xià róng shù wèi rén men zhē dǎng le yǔ dī xià tiān liè rì dāng
下，榕树为人们遮挡了雨滴；夏天，烈日当
kōng yǒu le róng shù de zhē dǎng liè rì zhǐ néng tóu xià xīng xīng
空，有了榕树的遮挡，烈日只能投下星星
diǎn diǎn de guāng bān rén men zài róng shù dǐ xia yì qǐ hē zhe yòng
点点的光斑。人们在榕树底下一起喝着用
róng shù de xū gēn zhǔ de cǎo chá tǎng zài róng shù xia de wéi shí shuì
榕树的须根煮的草茶，躺在榕树下的围石睡
jiào yí qiè xiǎn de qiè yì jí le
觉，一切显得惬意极了。

dà róng shù ya wǒ xǐ huan nǐ
大榕树呀，我喜欢你！

知识小链接 ZHI SHI XIAO LIAN JIE

常言道，独木不成林。可是自然界唯有榕树能“独木成林”。榕树是属于桑科的常绿大乔木，分布在热带和亚热带地区。

yē zi de fēi qīn zǐ mèi
椰子的“非亲姊妹”

在植物界中，椰子有一个和它长得非常相似的植物，常年生活在水中，它就是——水椰。

xiǎo péng yǒu nǐ zhī dao yē zi yǒu ge fēi qīn zǐ mèi jiào shuǐ yē wài xíng hé yē zi kù sì jiù xiàng luán shēng jiě mèi yí yàng ma

小朋友，你知道椰子有个“非亲姊妹”叫水耶，外形和椰子酷似，就像孪生姐妹一样吗？

shuǐ yē cháng nián shēng huó zài shuǐ li shì yì zhǒng cháng lǜ dà guàn mù gāo mǐ tā fēn bù yú hǎi nán jú bù dì qū wèi diǎn xíng de rè dài hǎi àn zhí wù

水椰常年生活在水里，是一种常绿大灌木，高3~7米。它分布于海南局部地区，为典型的热带海岸植物。

椰子

shuǐ yē hé yē zi suī rán

水椰和椰子虽然

wài xíng hěn xiàng dàn yě yǒu xì wēi de chā
外形很像，但也有细微的差

bié wǒ men zěn me qū fēn zhè liǎng gè
别。我们怎么区分这两个

fēi qīn zǐ mèi ne zài wài
“非亲姊妹”呢？在外

xíng shang zhǔ yào cóng liǎng gè fāng
形上主要从两个方

miàn qū bié tā yǔ yē zi yī
面区别它与椰子：一

shì tā wéi guàn mù méi yǒu yē
是它为灌木，没有椰

zi shù nà yàng gāo tǐng de shù
子树那样高挺的树

gàn zài zhě shuǐ yē de yè
干。再者，水椰的叶

zi zhǎng zài tā de gēn jīng chù
子长在它的根茎处。

shuǐ yē de xíng tài yǔ yē
水椰的形态与椰

zi jí qí xiāng sì
子极其相似，

jiù xiàng liǎng gè jiě
就像两个姐

mèi yí yàng shuǐ
妹一样。水

yē chú le jù yǒu
椰除了具有

guān shǎng jià zhí wài hái
观赏价值外，还

yǒu qí tā jià zhí shuǐ yē zhōng de zhī
有其他价值。水椰中的汁

yè hán zhè táng zuǒ yòu kě yǐ zhì zuò táng lèi zhǒng rén kě
液含蔗糖15%左右，可以制作糖类；种仁可
shí wèi dào xiān měi shuǐ yē de yè zi kě yǐ gài wū jí biān zhī
食，味道鲜美；水椰的叶子可以盖屋及编织
xí lán děng gōng yì pǐn shuǐ yē hái yǒu fáng fēng làng gù shā lǜ
席篮等工艺品；水椰还有防风浪、固沙、绿
huà hǎi àn de zuò yòng bèi liè wèi guó jiā sān jí bǎo hù zhí wù
化海岸的作用，被列为国家三级保护植物。

xiǎo péng yǒu nǐ xǐ huan shuǐ yē ma
小朋友，你喜欢水椰吗？

知识小链接 ZHI SHI XIAO LIAN JIE

水椰最为奇异的特点：是具有“胎生”的现象。它的果实离开母体之前，种子已在果实内发芽，形成幼苗。

水椰

hú jiāo chuánshuō
胡椒传说

在当今社会，如果有人花重金买一包胡椒面，大家都会认为这个人有神经病。有谁会想到，几百年前的欧洲人可以为了一包胡椒而舍弃生命？“

hú jiāo xiǎo péng yǒu men dōu hěn shú xi shì chú fáng zhōng
胡椒，小朋友们都很熟悉，是厨房中
jīng cháng shǐ yòng de tiáo wèi liào zhèng shì yīn wèi tā cái ràng wǒ
经常使用的调味料。正是因为它，才让我
men yǒu le gèng jiā kě kǒu de fàn cài jù shuō guān yú hú jiāo hái
们有了更加可口的饭菜。据说关于胡椒还
yǒu yí gè měi lì de chuánshuō ne
有一个美丽的传说呢。

zài yìn dù hú jiāo zì
在印度，胡椒自
gǔ bèi yòng zuò xiāng liào
古被用作香料。
jù shuō fàn mài hú jiāo de
据说，贩卖胡椒的
shāng rén wèi le zhèng gèng
商人为了挣更
duō de qián jiù wèi hú
多的钱，就为胡

胡椒

椒戴上了一顶富丽堂皇的帽子——“天堂的种子”，这些商人撒谎言说胡椒是从天上摘下来的。那时，人们很难买到胡椒，于是常用武力强行索取。公元408年，西罗马皇帝听信谗言杀死了屡败阿拉力克的大将斯提利科，并杀死了3万多名罗马军队的士兵，其他士兵全部投降阿拉力克。于是就给了西哥特王阿拉力克乘虚而入的机会，一直攻打到了罗马城下。罗马人为了求和除了要拿出巨额赎金，还要送3000磅胡椒呢。

wèi shén me xiǎo xiǎo de hú jiāo zhǒng zi néng ràng ōu zhōu rén rú
为什么小小的胡椒种子能让欧洲人如
cǐ chī mí ne yuán lái zài nà ge shí hou wèi shǐ ròu zhù cún de
此痴迷呢？原来在那个时候，为使肉贮存的
shí jiān cháng huò zhě shǐ ròu shí zài xiǎng yòng shí wèi dào gèng hǎo dōu
时间长或者使肉食在享用时味道更好，都
lí bu kāi hú jiāo děng xiāng liào
离不开胡椒等香料。

hú jiāo wài biǎo jí qí píng fán dàn què yǒu zhe jí bù píng
胡椒，外表极其平凡，但却有着极不平
fán de jīng lì
凡的经历。

知识小链接 ZHI SHI XIAO LIAN JIE

胡椒为木质藤本植物，属胡椒科，生长在印度西南海岸的热带雨林。

měi lì de gē zi shù
美丽的鸽子树

在梵净山麓苍莽的森林里，有一种被称为“鸽子树”的奇特大树。它那高大开展的侧枝上，似有一只只洁白的鸽子展翅欲飞，异常美丽。这就是闻名于世的园林观赏树——珙桐。

zài fàn jìng shān lū cāng mǎng de sēn lín li shēng zhǎng zhe yì
在梵净山麓苍莽的森林里，生长着一
zhǒng qí tè měi lì de shù gǒng tóng zhè zhòng shù mù shì zhòng
种奇特美丽的树——珙桐。这种树木是重
yào de guān shǎng shù mù tā hái yǒu gè hǎo tīng de míng zi
要的观赏树木，它还有个好听的名字——
zhōng guó gē zi shù
“中国鸽子树”。

zhōng guó gē zi shù gāo yuē shí zhì èr shí mǐ shù xíng
“中国鸽子树”高约十至二十米，树形
gāo dà tǐng bá shì yì zhǒng hěn měi lì de luò yè qiáo mù zuì měi
高大挺拔，是一种很美丽的落叶乔木。最美
lì de shí hou shì kāi huā shí jié shù shang nà yí duì duì bái sè huā
丽的时候是开花时节，树上那一对对白色花
duǒ duǒ zài bì yù bān de lǜ yè zhōng suí fēng yáo dòng yuǎn yuǎn wàng
朵躲在碧玉般的绿叶中，随风摇动。远远望

qù fǎng fú shì yī qún bái gē duǒ zài zhī tóu bǎi dòng zhe kě ài
去，仿佛是一群白鸽躲在枝头，摆动着可爱
de chì bǎng
的翅膀。

zài shì shàng liú chuán zhe yǒu guān gē zi shù de měi lì gǎn
在世上流传着有关鸽子树的美丽、感
rén de gù shi jù shuō wáng zhāo jūn wèi le hàn guó de ān níng
人的故事。据说，王昭君为了汉国的安宁，
jià gěi le xiōng nú de guó wáng tā jià dào le xiōng nú hòu duì měi
嫁给了匈奴的国王。她嫁到了匈奴后，对美
lì de jiā xiāng hé cí xiáng de mǔ qīn rì yè xiǎng niàn yú shì xiě
丽的家乡和慈祥的母亲日夜想念，于是写
xià le mǎn mǎn yì zhǐ jiā shū ràng bái gē sòng xìn bái gē méi rì
下了满满一纸家书，让白鸽送信。白鸽没日
méi yè de fēi zhōng yú zài yí gè fēi cháng hán lěng de yè wǎn fēi dào
没夜地飞，终于在一个非常寒冷的夜晚飞到
le zhāo jūn de gù xiāng dàn tā tài pí bèi le biàn tíng liú zài
了昭君的故乡。但它太疲惫了，便停留在
yì kē dà shù shang xiū xi jié guǒ bèi dòng jiāng zài
一棵大树上休息。结果被冻僵在
zhī tóu biàn chéng le xíng tǐ kù sì
枝头，变成了形体酷似
bái gē ér yòu měi lì jié bái
白鸽而又美丽洁白
de huā duǒ
的花朵……

鸽子树

gē zi shù zhī suǒ yǐ shì zhēn guì de yīn wèi tā shì zhí wù
鸽子树之所以是珍贵的，因为它是植物

jiè zhōng zhù míng de huó huà shí zhī yī zhí wù jiè zhōng de
界中著名的“活化石”之一，植物界中的

dà xióngmāo
“大熊猫”。

知识小链接 ZHI SHI XIAO LIAN JIE

“中国鸽子树”——珙桐，又名水梨子、鸽子树，原产于我国。

měi wèi de "hóu tóu"
美味的"猴头"

中国不但有四大发明而且还有四大名菜，小朋友们都知道吗？猴头就是四大名菜之一。

xiǎo péng yǒu men nǐ men zhī dao zhōng guó de sì dà míng
小朋友们，你们知道中国的四大名
cài ma nà jiù shì yú chì hǎi shēn xióng zhǎng hóu tóu qí
菜吗？那就是鱼翅、海参、熊掌、猴头。其
zhōng hóu tóu ròu nèn wèi xiāng xiān měi kě kǒu shēn shòu rén men de
中猴头肉嫩味香、鲜美可口，深受人们的
xǐ ài
喜爱。

hóu tóu yòu jiào hóu gū jūn hóu tóu mó shì yì zhǒng jūn
猴头又叫猴菇菌、猴头蘑，是一种菌
lèi zhí wù xīn xiān de hóu tóu mó shì bái
类植物。新鲜的猴头蘑是白
sè de shàng bù péng dà hǎo xiàng quán tou
色的，上部膨大好像拳头
yí yàng gēn bù xì xiǎo biǎo miàn
一样，根部细小，表面
zhǎng mǎn le ròu cì yuǎn yuǎn
长满了肉刺。远远
wàng qù hǎo xiàng shì jīn
望去，好像是金

●猴头

丝猴头，所以称为猴头。猴头干后为浅褐色，我们经常在市场上看到的就是这个颜色。有大有小，小个的半径约有2厘米，大的可达5厘米。

猴头的家族成员很多，有日常生活中常见的木耳、银耳及各类蘑菇，还包括灵芝、茯苓等名贵中药材。

长期以来，人们把猴头与燕窝相提并论。猴头菇有很好的滋补作用，能治疗消化不良、胃溃疡、十二指肠溃疡、神经衰弱等疾病，民间有“多食猴头，返老还童”之说。

知识小链接 ZHI SHI XIAO LIAN JIE

猴头菌片常被用于治疗消化系统的恶性肿瘤，比如在治疗胃癌、贲门癌、食道癌等疾病，效果显著。

xiān rén zhǎng
仙人掌

“四季都常绿，不爱把水喝。随身把针带，没人敢惹它”。小朋友们能猜出这是什么植物吗？

shā mò bù guǎn shì zhí wù hái shi dòng wù tīng le
沙漠，不管是植物还是动物听了
dōu huì máo gǔ sǒng rán yīn wèi shā mò nà er jīng cháng bèi
都会毛骨悚然，因为沙漠那儿经常被
tài yáng shài zhe yòu quē shǎo zhí wù yī bān de
太阳晒着，又缺少植物。一般的
zhí wù zhòng dào nà lǐ dōu bù néng zhèng cháng de
植物种到那里都不能正常地
shēng cún bú shì kū sǐ jiù shì bèi tài yáng shài
生存，不是枯死就是被太阳晒
sǐ kě yǒu yì zhǒng zhí wù tā bú wèi
死。可有一种植物，它不畏
fēng shā bú pà liè rì yǒu zhe jiān qiáng
风沙，不怕烈日，有着坚强
de shēng mìng lì tā jiù shì xiān
的生命力，它就是仙
rén zhǎng
人掌。

xiān rén zhǎng shì yí piàn yí
仙人掌是一片一

piàn shēng zhǎng de　měi yí piàn dōu yìng bāng bāng de　yòu féi yòu
片生长的。每一片都硬邦邦的，又肥又
hòu　xiàng shēn lǜ sè de shǒu zhǎng　shǒu zhǎng shang hěn yǒu guī lǜ
厚，像深绿色的手掌。“手掌”上很有规律
de pái liè zhe jiān jiān de　xì xì de xiǎo cì er　xiān rén zhǎng de
地排列着尖尖的、细细的小刺儿。仙人掌的
guǒ shí yì bān shì ròu zhì jiāng guǒ　shǎo shù shì gān guǒ　hǎo xiàng hóng
果实一般是肉质浆果，少数是干果，好像红
zhū zhū　yǒu tián tián de wèi dào kě yǐ shēng chī　tā de jīng hái jù
珠珠，有甜甜的味道可以生吃。它的茎还具
yǒu qīng rè jiě dú　sàn yū xiāo zhǒng děng gōng xiào ne
有清热解毒、散瘀消肿等功效呢！

xiān rén zhǎng kāi huā yǒu ge tè diǎn　jí yì bān kāi zài chōng
仙人掌开花有个特点，即一般开在充
fēn jīng shòu yáng guāng de chéng shú piàn zhuàng jīng shang　chú le zhēn
分经受阳光的成熟片状茎上。除了真

●仙人掌

zhèng de lán sè hé hēi sè wài gè zhǒng yán sè de huā dōu yǒu
正的兰色和黑色外，各种颜色的花都有，
ér qiě qiān biàn wàn huà xiān rén zhǎng xíng zhuàng duō yàng yǒu lí
而且千变万化。仙人掌形状多样：有梨
xíng yuán xíng gùn xíng yuán zhù xíng biān zi xíng děng
形、圆形、棍形、圆柱形、鞭子形等。

bié kàn xiān rén zhǎng de gè tou bú dà kě shì qiān wàn bú yào
别看仙人掌的个头不大，可是千万不要
xiǎo qiáo tā men rú guǒ bù xiǎo xīn pèng dào tā nǐ bù jǐn bèi cì
小瞧它们，如果不小心碰到它，你不仅被刺
de yòu tòng yòu yǎng hái huì shāng hén lěi lěi
得又痛又痒，还会伤痕累累。

知识小链接 ZHI SHI XIAO LIAN JIE

在墨西哥的加利福尼亚有一株巨大的仙人掌，有17.69米高，重量有10吨重呢！

仙人掌

有毒的植物

植物广泛分布在自然界，是自然不可缺少的一部分。它们提供给人类食物，同时，有的也是重要的工业原料，与人们的生活息息相关。但是，植物中有很多是有毒的，不慎接触到，可能会引起很多疾病，甚至死亡。

wēi xiǎn de jiā zhú táo
危险的夹竹桃

植物界中有“绿色吸尘器”美称的夹竹桃身上有一种剧毒，小朋友们可要当心喽！

nǐ xiǎng rèn shi jiā zhú táo ma wǒ lái gěi nǐ men jiè shào
你想认识夹竹桃吗？我来给你们介绍
yí xià jiā zhú táo shì yì zhǒng bèi zǐ zhí wù yuán chǎn yú yìn
一下。夹竹桃是一种被子植物，原产于印
dù yī lǎng hé ā fù hàn zài wǒ guó zāi péi lì shǐ yōu jiǔ
度、伊朗和阿富汗，在我国栽培历史悠久，
biàn jí nán běi chéng xiāng gè dì jiā zhú táo de huā yì cháng měi
遍及南北城乡各地。夹竹桃的花异常美
lì zài luò yīng bīn fēn de shí jié bái huā jiā zhú táo yǎn rán
丽，在落英缤纷的时节，白花夹竹桃俨然
shì yí dào měi lì de fēng jǐng
是一道美丽的风景
xiàn fán huā luò dìng
线。繁花落定，
bái sè de huā bàn
白色的花瓣
fēn fēn yáng
纷纷扬
yáng duō
扬多

me mí rén yīn wèi tā hěn měi lì suǒ yǐ jīng cháng bèi yī xiē jiā
么迷人。因为它很美丽，所以经常被一些家
tíng dàng zuò guān shǎng zhí wù lái zhòng zhí kě shì xiǎo péng yǒu men
庭当作观赏植物来种植。可是小朋友们
qiān wàn yào zhù yì bù guǎn shì zài nǎ lǐ jiā zhú táo dōu shì yī
千万要注意，不管是在哪里，夹竹桃都是一
zhǒng hěn wēi xiǎn de zhí wù quán shēn dōu yǒu jù dú zhòng dú hòu de
种很危险的植物，全身都有剧毒。中毒后的
zhèng zhuàng yǒu ě xin ǒu tù hūn shuì xīn lǜ bù zhěng yán
症状有恶心、呕吐、昏睡、心律不整，严
zhòng de huà lián shī qù zhī jué huò sǐ wáng dōu yǒu kě néng
重的话，连失去知觉或死亡都有可能。

jiā zhú táo de yè zhǎng de hěn yǒu yì si sān piàn yè zi zǔ
夹竹桃的叶长得很有意思。三片叶子组
chéng yí gè xiǎo zǔ huán rào zhī tiáo cóng tóng yí gè dì fang xiàng
成一个小组，环绕枝条，从同一个地方向
wài shēng zhǎng
外生长。

小朋友们也许要问了，夹竹桃有这么强的毒性，为什么不把它们灭迹？其实，夹竹桃也有它的价值呢！白花夹竹桃是一味大有用处的中药，具有利尿、通便、活血、消积、祛瘀、镇咳等功效。

小朋友已经认识了夹竹桃，以后遇到这种剧毒植物的时候，一定要离远点儿。

知识小链接 ZHI SHI XIAO LIAN JIE

夹竹桃属于强心类中药，主要功能为强心利尿、祛痰定喘、镇痛、祛瘀。

jiàn xuè fēng hóu
见血封喉

在植物界有一种树叫见血封喉树。小朋友们，你们知道它为什么叫这个名字吗？它真的像它的名字那样厉害吗？

yì tīng dào "jiàn xuè fēng hóu", jiù huì ràng rén hài pà de
一听到“见血封喉”，就会让人害怕得
hún shēn fā dǒu, qí shí, tā shì yì zhǒng
浑身发抖，其实，它是一种
shù. wèi shén me bǎ tā jiào zuò jiàn xuè
树。为什么把它叫作见血
fēng hóu shù ne? nǐ xiǎng rèn shi zhè
封喉树呢？你想认识这
wèi lì hai de péng you ma? xiàn zài,
位厉害的朋友吗？现在，
wǒ gěi nǐ men jiè shào yí xià ba!
我给你们介绍一下吧！

zài zhí wù yuán de rè dài yǔ
在植物园的热带雨
lín yuán li, yǒu dú mù chéng lín de dà
林园里，有独木成林的大
róng shù, yǒu sè cǎi yàn lì de rè dài hé
榕树，有色彩艳丽的热带荷

huā yǒu jīng gān sì jiǔ píng de jiǔ píng yē zi hái yǒu gāo sǒng rù
花，有茎干似酒瓶的酒瓶椰子，还有高耸入
tiān de dà wáng yóu zōng ér nà zuì yǐn yóu rén zhù mù de zé shì
天的大王油棕，而那最引游人注目的，则是
wài biǎo pǔ tōng de jiàn xuè fēng hóu tā duō shēng yú hǎi bá
外表普通的见血封喉。它多生于海拔1500
mǐ yǐ xià de yǔ lín zhōng qiáo mù gāo mǐ xiōng jìng
米以下的雨林中，乔木，高25~40米，胸径
lí mǐ rǔ bái sè shù yè shù pí huī sè chūn jì kāi
30~40厘米。乳白色树液，树皮灰色，春季开
huā shì guó jiā sān jí bǎo hù zhí wù shì yì zhǒng jù dú zhí wù
花，是国家三级保护植物，是一种剧毒植物
huò yào yòng zhí wù
和药用植物。

wèi shén me bǎ tā jiào zuò jiàn xuè fēng hóu shù ne yīn wèi tā
为什么把它叫作见血封喉树呢？因为它
de shù zhī zhǐ yào pèng dào shòu shāng rén de shòu shāng bù wèi jiù huì
的树汁只要碰到受伤人的受伤部位，就会
shùn jiān fēng bì nǐ de hóu lóng nǐ men xiǎng xiang rú guǒ fēng bì
瞬间封闭你的喉咙。你们想想，如果封闭

nǐ de hóu lóng nǐ bù néng hū xī shì bu shì jiù huì zhì xī ér
你的喉咙，你不能呼吸，是不是就会致息而
sǐ rú guǒ nǐ méi yǒu shòu shāng nà nǐ jiù bú huì yǒu shì kàn
死？如果你没有受伤，那你就不会有事，看
lái zhè zhǒng shù de shù zhī kěn dìng yǒu hěn qiáng de dú xìng
来，这种树的树汁肯定有很强的毒性。

zhè zhǒng shù cóng yì kāi shǐ de zhǒng zi zhōng jiù yǒu dú
这种树从一开始的种子中就有毒，
bìng zài chéng zhǎng zhōng bú duàn jí qǔ dú sù cóng ér biàn de gèng
并在成长中不断汲取毒素，从而变得更
dú tā hái huì zài shēng zhǎng shí zì jǐ chǎn shēng dú yè dú
毒。它还会在生长时，自己产生毒液，毒
yè jiù zài shù de mù zhì bù zhōng zhǐ yào jiāng shù pí guā kāi yí gè
液就在树的木质部中。只要将树皮刮开一个
xiǎo kǒu zi jiù huì liú chū zhì mìng de dú yè
小口子，就会流出致命的毒液。

xiǎo péng yǒu liǎo jiě le jiàn xuè fēng hóu zhè zhǒng zhí wù hòu
小朋友了解了见血封喉这种植物后，
shì bu shì gǎn jué méi yǒu chuán shuō zhōng de nà yàng kě pà le rú
是不是感觉没有传说中的那样可怕了？如
guǒ zhān shàng tā de dú zhī zhǐ yào zài tā shèn rù pí fū qián gǎn
果沾上它的毒汁，只要在它渗入皮肤前赶
jǐn xǐ gān jìng jiù bú huì yǒu zhòng dú de wēi xiǎn le
紧洗干净就不会有中毒的危险了。

知识小链接 ZHI SHI XIAO LIAN JIE

目前，见血封喉树仅剩600余棵了，而且在我国海南省，已被列入国家三级保护植物。

měi lì de yòu huò
美丽的诱惑

有一种美丽的植物，叶片碧绿，花朵五彩缤纷，茎株婷婷玉立，但是在美丽的外表下，它含有剧毒。它就是罂粟，也叫鸦片花。

tí qǐ dú pǐn lái nǐ men kěn dìng huì xiǎng qǐ diàn shì zhōng
提起毒品来，你们肯定会想起电视中
jīng cháng tí dào de hǎi luò yīn yáo tóu wán děng yīng sù nǐ men zhī
经常提到的海洛因、摇头丸等。罂粟你们知
dao ma jīn tiān wǒ men yí kuài er lái liǎo jiě yīng sù huā shì zhì
道吗？今天我们一块儿来了解罂粟花，是制
zuò dú pǐn de yuán liào
作毒品的原料。

yīng sù shì liǎng nián shēng cǎo běn zhí wù měi nián chū dōng bō
罂粟是两年生草本植物，每年初冬播
zhǒng chūn tiān kāi huā qí huā sè yàn lì yǒu hóng fěn hóng
种，春天开花。其花色艳丽，有红、粉红、
zǐ bái děng duō zhǒng yán sè yīng sù yè piàn bì lǜ huā duǒ yì
紫、白等多种颜色。罂粟叶片碧绿，花朵异
cháng měi lì jīng zhū gāo tǐng zhí lì shuò guǒ gāo gāo zài shàng
常美丽，茎株高挺直立，蒴果高高在上。

yīng sù huā er nà liè yàn bān rán shāo měi lì de bèi hòu
罂粟花儿那烈焰般燃烧美丽的背后，

yǎn yì zhe rén jiān de bēi jù zuì è pín qióng sǐ wáng
演绎着人间的悲剧——罪恶、贫穷、死亡。
yīn wèi yīng sù shì tí qǔ dú pǐn hǎi luò yīn de zhǔ yào dú pǐn yuán zhí
因为罂粟是提取毒品海洛因的主要毒品源植
wù sú yǔ yā piàn tā hé dà má gǔ kē jiǎn bìng
物，俗语："鸦片"，它和大麻、古柯碱并
chēng wèi sān dà dú pǐn zhí wù
称为三大毒品植物。

wú shù jīng shòu bu zhù dú pǐn yòu huò de rén jī běn dōu zài
无数经受不住毒品诱惑的人，基本都在
sù shuō zhe zhè yàng yí gè sǐ wáng de guò chéng kāi shǐ xī shí yā
诉说着这样一个死亡的过程：开始吸食鸦
piàn lìng rén bù shū fu kě shǐ rén tóu yūn mù xuàn ě xin huò
片，令人不舒服，可使人头晕目眩、恶心或
tóu tòng suí hòu kě tǐ yàn dào yì zhǒng bàn suí zhe fēng kuáng huàn jué
头痛；随后可体验到一种伴随着疯狂幻觉
de kuài gǎn rú guǒ xī yān tài duō zé biàn de shòu ruò bù kān miàn
的快感；如果吸烟太多则变得瘦弱不堪，面

罂粟

wú xuè sè mù guāng fā zhí fā dāi shī mián duì shén me dōu
无血色，目光发直、发呆，失眠，对什么都
wú suǒ wèi zuì hòu yīn wèi hū xī yì zhì ér sǐ wáng
无所谓；最后因为呼吸抑制而死亡。

suǒ yǐ xiǎo péng yǒu men gào su shēn biān de jiā rén hé qīn qi
所以，小朋友们告诉身边的家人和亲戚
yào yuǎn lí dú pǐn yo
要远离毒品哟！

知识小链接 ZHI SHI XIAO LIAN JIE

罂粟称为“快乐植物”，被认为是天神播下的植物。古埃及人认识到它的一些药用疗效，比如用来治疗婴儿夜哭症。

dī shuǐ guān yīn
滴水观音

滴水观音又叫海芋，在不同地方也有很多名字，如：痕芋头、狼毒、野芋头、山芋头等，在台湾省又被称为马蹄莲。

dī shuǐ guān yīn shì yì zhǒng cháng jiàn
滴水观音是一种常见
de jiā yǎng pén zāi zhí wù，jù yǒu qīng chú
的家养盆栽植物，具有清除
kōng qì chén āi de zuò yòng，hěn shòu dà jiā
空气尘埃的作用，很受大家
de xǐ ài。dàn hěn duō rén jīng cháng huì wèn
的喜爱。但很多人经常会问
"dī shuǐ guān yīn yǒu dú ma？" wèi le yǒu zhù yú dà jiā gǎo qīng
“滴水观音有毒吗？”为了有助于大家搞清
chu dī shuǐ guān yīn shì fǒu yǒu dú，ràng wǒ men yì qǐ kàn
楚滴水观音是否有毒，让我们一起看
kan zhuān jiā duì zhè yí wèn tí de huí dá。
看专家对这一问题的回答。

dī shuǐ guān yīn zài bù tóng dì fang yǒu bù tóng
滴水观音在不同地方有不同
de míng zi，rú：láng dú、shān yù tou、dà
的名字，如：狼毒、山芋头、大

滴水观音

虫芋、天芋等，在台湾省又叫马蹄莲。滴水观音的毒性显示在方方面面。滴水观音的茎内，滴水观音滴下的水都是有毒性的，碰到会引起皮肤过敏、瘙痒、发红；吃下去的话，更是会引发一系列从咽喉到胃部的不适，引起疼痛。

小朋友，再看到滴水观音的时候，只要静静地欣赏就行了，千万不能折下它的枝叶去品尝，这可是非常危险的。

知识小链接 ZHI SHI XIAO LIAN JIE

滴水观音作为中草药，也有它治病的特殊作用。根据《本草纲目》等古代文献记录，都称滴水观音有治疗毒肿、痔疮、恶疮等一切肿毒类疾病。

shé xiē xīn cháng de cè jīn zhǎn huā
“蛇蝎心肠”的侧金盏花

在北方地区寒冷的季节，万物凋零，只有侧金盏花开放，它的一抹春色给无尽的寒冬带来一股暖意。

xiǎo péng yǒu men dāng nǐ men kàn dào měi lì de cè jīn zhǎn
小朋友们，当你们看到美丽的侧金盏
huā shí yí dìng yào jì zhù bù néng bèi tā měi lì de wài biǎo suǒ mí
花时，一定要记住不能被它美丽的外表所迷
huò gèng bù néng qīng qīng de qù fǔ mō tā yīn wèi zài tā měi lì
惑，更不能轻轻地去抚摸它。因为在它美丽

侧金盏花

de wài biǎo xià yǐn cáng zhe shé xiē xīn cháng
的外表下，隐藏着“蛇蝎心肠”。

cè jīn zhǎn huā hé wǒ men rèn shi de huā yǒu suǒ bù tóng
侧金盏花和我们认识的花有所不同，
dào hé méi huā de xí xìng yǒu diǎn er xiāng sì zài yí piàn yín zhuāng
倒和梅花的习性有点儿相似。在一片银装
sù guǒ de huán jìng xià dà duō zhí wù dōu chǔ yú xiū mián de zhuàng
素裹的环境下，大多植物都处于休眠的状
tài wǒ men gēn běn kàn bu dào yì mǒ lǜ sè dàn zhǐ yǒu cè jīn
态，我们根本看不到一抹绿色。但只有侧金
zhǎn huā shì wán qiáng de yǒng yú xiàng hán qì tiǎo zhàn jǐ pò dòng
盏花是顽强的，勇于向寒气挑战，挤破冻
tǔ zhǎng chū zhì nèn de zhī tiáo xiàng shì jiè zhǎn shì dú tè de měi
土长出稚嫩的枝条，向世界展示独特的美。
tā de huā duǒ hěn měi lì yóu rú kuí huā yí yàng zhǐ shì bǐ kuí
它的花朵很美丽，犹如葵花一样，只是比葵
huā xiǎo hěn duō xiàng jīn qián dà xiǎo tā de huā guān yì zhí cè xiàng
花小很多，像金钱大小。它的花冠一直侧向

yì biān suǒ yǐ rén men qīn qiè de jiào tā cè jīn zhǎn huā
一边，所以人们亲切地叫它——侧金盏花。

cè jīn zhǎn huā de tǐ nèi yǒu zhǒng dú sù shì hěn lì hai
侧金盏花的体内有种毒素，是很厉害

de rén yí dàn wù shí jiù huì chū xiàn ě xin ǒu tù duō
的。人一旦误食就会出现恶心、呕吐、多

hàn fù tòng tóu hūn xuàn yùn shì wù bù qīng xīn huāng yán
汗、腹痛、头昏眩晕、视物不清、心慌，严

zhòng zhě kě zhì sǐ wáng
重者可致死亡。

xiǎo péng yǒu men qiān wàn yào jì zhù wǒ men zài kàn rén hé shì wù
小朋友们千万要记住我们在看人和事物

shí bú yào zhǐ kàn biǎo miàn gèng yào guān zhù nèi xīn
时，不要只看表面，更要关注内心。

知识小链接 ZHI SHI XIAO LIAN JIE

侧金盏花又被称作冰凉花、顶冰花、冰里花、冰凌花、福寿草、长春菊等，不同的地区有不同的名字。

侧金盏花

yǒu dú mó gu
有毒蘑菇

我国毒蘑菇有100多种，引起人严重中毒的有10余种，分布十分广泛，小朋友，千万要小心哟！

xiǎo péng yǒu nǐ ài chī mó gu ma mó gu shì yì zhǒng
小朋友，你爱吃蘑菇吗？蘑菇是一种
duì shēn tǐ fēi cháng yǒu yì de shí pǐn kě shì bú yào yǐ wéi
对身体非常有益的食品。可是，不要以为
shén me mó gu dōu kě yǐ chī yě wài de yì xiē mó gu shì yǒu dú
什么蘑菇都可以吃，野外的一些蘑菇是有毒
de bú shèn wù shí hòu huì xīn huāng wú lì qiǎng jiù bù jí shí hái
的，不慎误食后会心慌无力，抢救不及时还
huì sǐ wáng
会死亡。

qiū rì xiǎo yuán mào shì yì zhǒng cháng jiàn de yǒu dú mó gu
秋日小圆帽是一种常见的有毒蘑菇，
zài shì jiè hěn duō jiǎo luò dōu néng kàn dào tā měi lì de shēn yǐng zhǐ
在世界很多角落都能看到它美丽的身影，只
yào wēn dù shì yí tā jiù néng fā yá rú guǒ xiǎo péng yǒu kàn dào
要温度适宜，它就能发芽。如果小朋友看到
zhè zhǒng mó gu yí dìng huì xǐ huan shàng tā piào liang de wài biǎo
这种蘑菇，一定会喜欢上它漂亮的外表，
zhà kàn qi lai xiàng shì lìng yì zhǒng yǐn qǐ huàn jué de shén qí
乍看起来像是另一种引起幻觉的“神奇”
mó gu nǐ kě bié bèi tā de wài biǎo qī piàn tā shí jì shang shì
蘑菇。你可别被它的外表欺骗，它实际上是
yì zhǒng yǒu jù dú de zhí wù
一种有剧毒的植物。

tā hé tā de qīn qi men zhǎng de hěn xiāng sì zhǐ shì yán
它和它的亲戚们长得很相似，只是颜
sè yǒu qū bié tā de qīn qi men dōu shì shēn hè sè ér qiū rì
色有区别。它的亲戚们都是深褐色，而秋日
xiǎo yuán mào mó gu de mào zi què shì dàn zōng sè xiǎo péng yǒu men
小圆帽蘑菇的帽子却是淡棕色。小朋友们

zhǐ yào zhī dao zhè diǎn jiù suàn tā men shēng zhǎng zài tóng yì qū
只要知道这点，就算它们生长在同一区

yù yě néng fēn de qīng
域，也能分得清。

xiǎo péng yǒu nǐ zhī dao le zhè zhǒng dú mó gu de yàng zi
小朋友，你知道了这种毒蘑菇的样子

le ba zài yě wài de shí hou qiān wàn bú yào cǎi shí zhè zhǒng mó
了吧？在野外的时候，千万不要采食这种蘑

gu yǐ fáng zhòng dú
菇，以防中毒。

知识小链接 ZHI SHI XIAO LIAN JIE

毒蘑菇又称毒蕈，是指大型真菌的子实体被食用后对人或畜禽产生中毒反应的物种。

lìng rén shēng wèi de dà nǎo mó gu
令人生畏的大脑蘑菇

鹿花菌又叫大脑蘑菇，是一种有毒的真菌，广泛分布于欧洲和北美。

xiǎo péng yǒu kàn dào dà nǎo mó gu zhè ge míng zi de
小朋友，看到“大脑蘑菇”这个名字的
shí hou shì bu shì zài xiǎng zhè zhǒng mó gu zhǎng de gēn rén de
时候，是不是在想，这种蘑菇长得跟人的
dà nǎo yí yàng ma shì de zhè zhǒng mó gu chéng bù guī zé dà
大脑一样吗？是的，这种蘑菇呈不规则大
nǎo de xíng zhuàng
脑的形状。

大脑蘑菇

每年春末夏初的时候，它就会在沙土中慢慢伸出它的小脑袋。颜色一般是深棕色，约10厘米高，15厘米宽，生活在约6厘米高的白色粗壮的菌柄上。它可是蘑菇家族中的大个子呢！

大脑蘑菇的毒性很强，误食大脑蘑菇通常会引起神经性症状，包括昏迷和肠胃不适，严重者甚至死亡。尽管它属于有

毒的不可食用菌种，但它在斯堪的纳维亚半岛、东欧、北美五大湖北部地区等地，仍然是一种流行的美食。在西班牙、瑞典等地，仍有人将其煮熟后吃掉。不过最近有专家表示，即使加热处理也不能百分之百地消除大脑蘑菇中的毒素。所以有些国家禁止在市场上销售这种大脑蘑菇。

知识小链接 ZHI SHI XIAO LIAN JIE

大脑蘑菇，鹿花菌，真菌的一种，广泛分布于欧洲和北美。鹿花菌的外观像羊肚菌，二者的分别只在于，羊肚菌较为对称，呈灰色、黄褐色或褐色；羊肚菌的菌盖较大及色深。

guī bèi zhú
龟背竹

龟背竹又名蓬莱蕉、电线兰、龟背芋、龟背叶，为天南星科龟背竹属植物。

nǐ men yí dìng zhī dao guī bèi zhú ba jīn tiān wǒ men jiù lái jiàn shi yí xià guī bèi zhú
你们一定知道龟背竹吧？今天，我们就来见识一下龟背竹。

guī bèi zhú yòu míng péng lái jiāo diàn xiàn cǎo shì yì zhǒng cháng lǜ téng běn zhí wù tā de jīng cū zhuàng yǒu jìn xiǎo shí hou de yè zi shì xīn xíng de zhǎng dà hòu de yè zi biàn chéng le yuán xíng yè piàn fēn liè chéng le yǔ zhuàng xíng zhuàng hǎo xiàng wū guī de bèi ké ér qiě jīng shang yǒu jié hǎo sì zhú gān yí yàng zhè jiù shì guī bèi zhú míng zi de yóu lái guī bèi zhú yuè kāi huā dàn huáng
龟背竹，又名“蓬莱蕉”“电线草”，是一种常绿藤本植物。它的茎粗壮有劲。小时候的叶子是心形的，长大后的叶子变成了圆形，叶片分裂成了羽状。形状好像乌龟的贝壳，而且茎上有节，好似竹干一样，这就是龟背竹名字的由来。龟背竹 11 月开花，淡黄

龟背竹

色，茎干上有很多褐色的气根，好像电线一样，所以又叫“电线草”。

南美国家巴西、阿根廷和美洲中部的墨西哥除盆栽以外，常将龟背竹种在廊架或建筑物旁，让它蔓生于棚架或贴生于墙壁，成为极好的垂直绿化材料。说不定小朋友的家中就有一盆龟背竹呢。但我要提醒一下小朋友：在与龟背竹接触时，一定要多加小心。

龟背竹是一种有毒的植物，虽然它的毒性不大，但是小朋友也不要把它放到嘴里。那么，你知道龟背竹还是美味佳肴吗？也许你会问“它不是有毒，怎么还吃呢？”其实，我们只要将它加热处理后就变成美食了。

知识小链接 ZHI SHI XIAO LIAN JIE

龟背竹原产墨西哥热带雨林，性喜温暖、湿润环境，忌阳光直射，不耐寒，我国北方均作室内盆栽。

植物之最

植物界包罗万象，有最高的树——杏仁桉树；最矮的树——矮柳；世界上寿命最短的植物——短命菊；还有世界上的老寿星——龙血树……小朋友们，想了解更多的植物之最吗？来，大家一起来探讨吧！

shēngzhǎng zuì kuài hé zuì màn de shù

生长最快和最慢的树

小朋友们在生长过程中，有人长得快，而有人长得慢。植物界中，树木的生长速度那可是千差万别，不信，我们一块儿来验证。

sú huàshuō qiānniánsōng wànnián bǎi gǎn bu shàng lǎo huái
俗话说“千年松，万年柏，赶不上老槐
yí bù shuǎi diǎnmíng le zhí wù de shēngzhǎng sù dù shì yǒu chā
一步甩”，点明了植物的生长速度是有差
jù de
距的。

●竹笋

xiān
先

shuō gè shēng zhǎng sù
说个生长速

dù kuài de ba zài
度快的吧！在

mù běn zhí wù zhōng shēng zhǎng sù
木本植物中，生长速

dù zuì kuài de yào suàn shì máo zhú
度最快的要算是毛竹。

tā cóng chū sǔn dào zhǎng chéng zhú zi zhǐ yào tiān
它从出笋到长成竹子，只要45天

de gōng fu jiù néng zhǎng dào duō mǐ dà gài yǒu liù qī céng
的工夫，就能长到20多米，大概有六七层

lóu fáng nà me gāo ba máo zhú chéng wéi lín zhōng de shēn gāo guàn
楼房那么高吧，毛竹成为林中的身高冠

jūn máo zhú zhú jié cháng jié gòu jiān rèn shēng zhǎng shí jiān duǎn
军。毛竹竹节长，结构坚韧，生长时间短，

jīng jì jià zhí hěn gāo máo zhú guǎng fàn yìng yòng yú jiàn zhù zhuāng
经济价值很高。毛竹广泛应用于建筑、装

shì děng fāng miàn
饰等方面。

zì rán jiè shù mù shēng zhǎng de sù dù zhēn shì tiān rǎng zhī
自然界树木生长的速度真是天壤之

bié shēng zhǎng kuài de hé shēng zhǎng màn de xiāng chā jǐ bǎi bèi
别，生长快的和生长慢的相差几百倍。

jiē xià lái zài shuō gè shēng zhǎng màn de shù ba zài kā
接下来再说个生长慢的树吧！在喀

lā hā lǐ shā mò zhōng shēng zhǎng zhe yì zhǒng míng jiào ěr wēi zī jiā
拉哈里沙漠中，生长着一种名叫尔威兹加

shù tā de gè zi bù gāo zhěng kē shù shì yuán xíng de rú guǒ
树，它的个子不高，整棵树是圆形的。如果

cóng qián miàn kàn jiù hǎo xiàng shì gāng mǎi de yí shù xiān huā tā
从前面看，就好像是刚买的一束鲜花。它
de shēng zhǎng sù dù shì chāo jí màn nián cái cháng háo mǐ
的生长速度是超级慢，1年才长3毫米。
rú guǒ shuō máo zhú de shēng zhǎng sù dù xiàng qì chē nà me ěr wēi
如果说毛竹的生长速度像汽车，那么尔威
zī jiā shù jiù xiàng lǎo niú le ěr wēi zī jiā shù yào zhǎng duō
兹加树就像老牛了。尔威兹加树要长300多
nián cái gǎn shàng máo zhú yì tiān shēng zhǎng de sù dù
年，才赶上毛竹一天生长的速度。

ěr wēi zī jiā shù shēng zhǎng de wèi shén me zhè me màn ne
尔威兹加树生长得为什么这么慢呢？
chú le tā běn shēn de yuán yīn yǐ wài hái yīn wèi shā mò zhōng yǔ
除了它本身的原因以外，还因为沙漠中雨
shuǐ xī shǎo tiān qì gān hàn fēng yòu dà de yuán gù
水稀少，天气干旱，风又大的缘故。

xiǎo péng yǒu men nǐ men zhī dao le shì jiè shang shēng zhǎng
小朋友们，你们知道了世界上生长
zuì kuài de shù hé shēng zhǎng zuì màn de shù le ba nǐ huì xǐ huan
最快的树和生长最慢的树了吧？你会喜欢
nǎ yàng de shù ne
哪样的树呢？

知识小链接 ZHI SHI XIAO LIAN JIE

前5年，毛竹生长缓慢，到了第六年雨季到来的时候，它可以按每天6英尺的速度向上急窜15天左右，最后大约可以长到90英尺高，并成为竹林中的身高冠军。

zuì pàng de shù
最“胖”的树

小朋友们都知道人类有几百斤的大胖子，也有几十斤的小瘦子，在植物界也是如此。

rén yǒu gāo ǎi pàng shòu
人有高、矮、胖、瘦、
měi chǒu shàn è zhí wù
美、丑、善、恶，植物
wáng guó zhōng tóng yàng duō zī
王国中同样多姿
duō cǎi shí xià liú xíng jiǎn
多彩。时下流行减
féi nǚ xìng men wú bù yǐ
肥，女性们无不以
shòu wèi róng zhí wù huì bu huì
瘦为荣，植物会不会
yǐ shòu wèi měi ne hái shi yǐ
以瘦为美呢？还是以
pàng wèi měi ne wǒ men kàn kan nǎ
胖为美呢？我们看看哪
zhǒng zhí wù zài yǐ pàng wèi měi de shí dài zuì jiāo ào
种植物在以胖为美的时代最骄傲！

shì jiè shang yǒu hěn duō yǐ pàng wèi měi de shù mù
世界上有很多以胖为美的树木，

千年古樟树

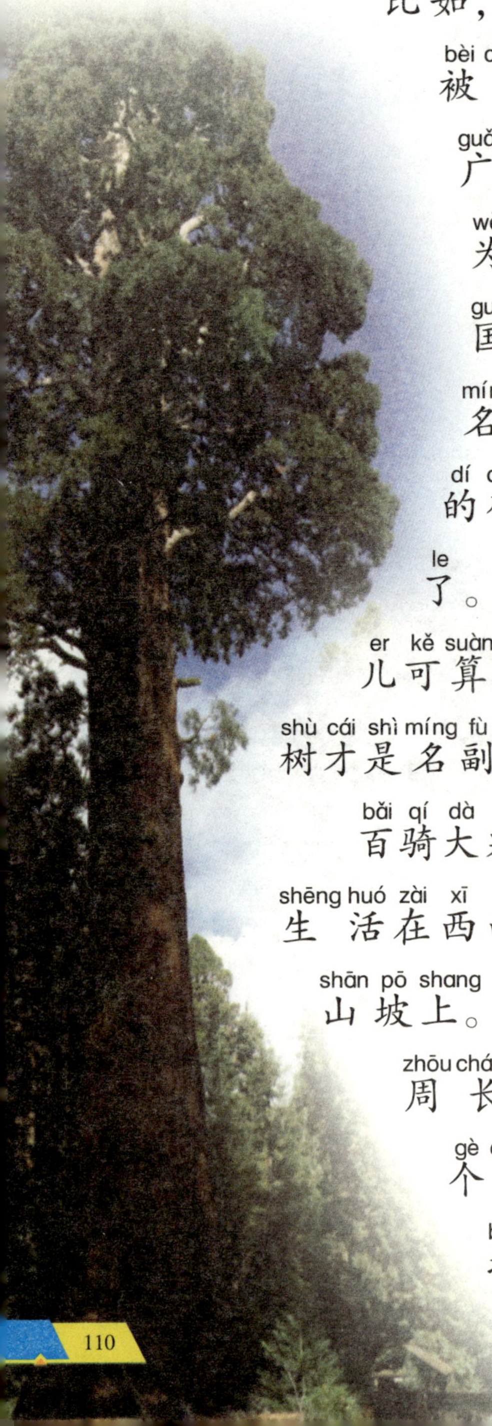

巨杉

比如，我国山东有棵银杏树被称为天下第一银杏树；广西有一棵樟树被称为“中华樟树王”；美国加利福尼亚的巨杉，又名“世界爷”……这些树的确是林中的“大胖子”了。但是，在百骑大栗树这儿可算不上什么了，百骑大栗树才是名副其实的“大胖子”。百骑大栗树又称为“百马树”，生活在西西里岛的埃特纳火山的山坡上。它的树干半径达9米，周长竟达55米，需要30多个成年人展开双臂才能抱住，是世界上最粗的

shù mù
树木。

zhè zhū lì shù wèi shén me jiào bǎi qí dà lì shù ne
这株栗树为什么叫“百骑大栗树”呢？
tā míng zi de yóu lái huán yǒu yí duàn shén qí de chuán shuō ne jù
它名字的由来还有一段神奇的传说呢！据
shuō zhōng shì jì shí xī bān yá de ā lā gòng wáng dài le bǎi míng
说中世纪时，西班牙的阿拉贡王带了百名
suí cóng qí mǎ lái dào āi tè nà huǒ shān jiǎo xià hū rán xià qǐ dà
随从骑马来到埃特纳火山脚下，忽然下起大
yǔ fù jìn yòu méi yǒu bì yǔ de fáng wū zhèng hǎo tā men kàn dào
雨，附近又没有避雨的房屋。正好他们看到
le yì kē dà shù yú shì guó wáng dài zhuó shǒu xià fēi bēn guo qu
了一棵大树，于是国王带着手下飞奔过去。
zhè zhū lì shù de shù gàn hěn cū shù guān chāo jí dà hǎo xiàng yí
这株栗树的树干很粗，树冠超级大，好像一

大栗树

bǎ tiān rán jù sǎn jìng rán jiāng ā lā gòng wáng shǒu xià de yì bǎi
把天然巨伞，竟然将阿拉贡王手下的一百
duō míng qí shǒu quán bù zhē zhù cóng cǐ zhè zhū lì shù jiù chū le
多名骑手全部遮住。从此，这株栗树就出了
míng bèi yù wéi bǎi qí dà lì shù
名，被誉为“百骑大栗树”。

a bǎi qí dà lì shù nǐ shì shì jiè shang míng fù qí
啊！百骑大栗树，你是世界上名副其
shí de dà pàng zi
实的“大胖子”。

知识小链接 ZHI SHI XIAO LIAN JIE

“百骑大栗树”的正式名称叫欧洲栗，又叫甜栗，是欧洲乡土树种的一种，生活在非洲北部和亚洲西部。

大胖子树

zhí wù jiè de "lǎo shòu xing"
植物界的"老寿星"

小朋友们，你们知道植物界的老寿星是什么树吗？有些人会认为是活了8000多岁的龙血树，真的是它吗？接下来，我们一块儿来见证一下。

shuí shì shì jiè shang nián líng zuì dà de zhí wù shòu xing yǒu
谁是世界上年龄最大的植物寿星？有
rén shuō shì hóng shān hé hóu miàn bāo shù yīn wèi tā men jūn kě huó
人说是红杉和猴面包树，因为它们均可活
dào duō suì yě yǒu rén shuō shì bèi chēng wéi shì jiè
到4000多岁；也有人说是被称为"世界

龙血树

爷”的巨杉，因为它已活了5000多岁，但这些都还不是植物界的“老寿星”。

小朋友们，你们想知道这个老寿星是谁吗？它长什么样子呢？

龙血树生长得很缓慢，一年之内树干增粗还不到1厘米。但在植物界中，它的生命期最长，可达8000年，因此，被植物学家们誉之为“植物寿星”。

龙血树是一种热带常绿乔木，树皮一

龙血树

旦被割破，便会流出殷红的汁液，像人体的鲜血一样，因此而得名。它大多分布于海拔较高的石灰岩地区，高可达20米，树干粗短，树皮纵裂，显得老态龙钟。但枝、叶却十分繁茂，墨绿色的带状叶片集中轮生于枝顶，青翠欲滴，生机勃勃，整个树冠非常美丽。在许多旅游区、宾馆、酒店都可以见到供人们观赏的龙血树。龙血树已是珍稀植物，受到了国家的重点保护。

小朋友们听了上面所讲述的，是不是已经喜欢上了这个“老寿星”了呢？

知识小链接 ZHI SHI XIAO LIAN JIE

胭脂树原产热带美洲，热带及亚热带地区，在我国分布于广东、云南等地。与龙血树共称为“会流血的树”。

zhǒng zi zhī zuì
种子之最

小朋友们，你们见到了许许多多的种子，但是你们知道世界上最大的种子和最小的种子分别是什么吗？

xiǎo péng yǒu dāng yǒu rén wèn nǐ shì jiè shang zuì xiǎo de
小朋友，当有人问你“世界上最小的
zhǒng zi shì shén me shí nǐ yě xǔ huì shuō hái yǒu bǐ zhī má
种子是什么”时，你也许会说“还有比芝麻
xiǎo de zhǒng zi ma dāng rán bǐ zhī má xiǎo de zhǒng zi hái
小的种子吗？”当然，比芝麻小的种子还

斑叶兰

芝麻

yǒu hěn duō hěn duō
有很多很多。

rén men cháng yòng zhī má lái bǐ
人们常用芝麻来比

yù xiǎo dàn bié yǐ wéi tā jiù shì zuì xiǎo de zhí wù zhǒng
喻“小”，但别以为它就是最小的植物种

zi wàn lì zhī má de zhǒng zi zhòng yuē kè ér bān yè
子。1万粒芝麻的种子重约40克，而斑叶

lán de wàn lì zhǒng zi què zhǐ yǒu kè zhè cái shì
兰的1万粒种子却只有0.005克，这才是

shì jiè shang zuì xiǎo de zhí wù zhǒng zi tā de zhǒng zi xiǎo de
世界上最小的植物种子。它的种子小得

hǎo xiàng huī chén yí yàng zhǐ yǒu zài xiǎn wēi jìng xià cái néng kàn qīng
好像灰尘一样，只有在显微镜下才能看清

chu bān yè lán de zhǒng zi gòu zào fēi cháng jiǎn dān zhǐ yǒu yì
楚。斑叶兰的种子构造非常简单，只有一

céng bó bó de zhǒng pí hé pēi suǒ yǐ shēng mìng lì bù qiáng
层薄薄的种皮和胚，所以生命力不强。

zhè xiē zhǒng zi xiàng chén āi yí yàng suí fēng piāo yáng sì chù chuán
这些种子像尘埃一样随风飘扬，四处传
bō suǒ yǐ zǒng yǒu yì xiē zhǒng zi néng zhǎo dào shì hé de dì
播，所以总有一些种子能找到适合的地
fang shēng gēn fā yá chuán zōng jiē dài
方，生根发芽，传宗接代。

xiǎo péng yǒu zhī dao le shì jiè shang zuì xiǎo de zhǒng zi shì
小朋友，知道了世界上最小的种子是
bān yè lán nà nǐ zhī dao zuì dà de zhǒng zi shì shén me ma
斑叶兰，那你知道最大的种子是什么吗？

nǐ zhī dao shì jiè shang zuì dà de zhǒng zi yǒu duō zhòng ma
你知道世界上最大的种子有多重吗？
hǎi yē zi de guǒ shí héng kuān lí mǐ hǎi yē zi wài miàn
海椰子的果实横宽35~50厘米。海椰子外面
zhǎng yǒu yì céng hǎi mián zhuàng de wài ké bō kāi wài ké hòu jiù shì
长有一层海绵状的外壳，剥开外壳后就是

jiān guǒ hǎi yē zi de yí gè
坚果。海椰子的一个
guǒ shí zhòng kě dá qiān
果实重可达25千
kè qí zhōng de jiān guǒ
克，其中的坚果
yě yǒu qiān kè
也有15千克，
shì shì jiè shang zuì dà
是世界上最大
de jiān guǒ bèi chēng
的坚果，被称
wèi zuì zhòngliàng jí yē
为“最重量级椰”。

海椰子

hǎi yē zi zhǎngxiàng hěn tè bié zhōng jiān yǒu ge gōu jiù hǎo xiàng
海椰子长相很特别，中间有个沟，就好像
liǎng gè yē zi hé qi lai yí yàng
两个椰子合起来一样。

zhè ge zhǒng zi de shì jiè zhēn de hěn qí miào
这个种子的世界真的很奇妙！

知识小链接 ZHI SHI XIAO LIAN JIE

海椰子坚果内的果汁黏稠、味道香醇，可以食用，也可以酿酒；果肉熬汤服用，可治疗久咳不止，并有止血的功效；海椰子的椰壳经雕刻镶嵌，可作装饰品。

zhí wù jiè de "shì jiè yé"
植物界的"世界爷"

小朋友们，你们知道世界上最大的树是什么树吗？它是美国加利福尼亚的巨杉。

shēngzhǎng zài měi guó jiā lì fú ní yà de chí míng shì jiè de
生长在美国加利福尼亚的驰名世界的
jù shān yīn shù líng cháng dá sān qiān nián yǐ shàng suǒ yǐ jiào shì
巨杉因树龄长达三千年以上，所以叫"世
jiè yé
界爷"。

měi guó de nèi huá dá shānshang yǒu yì zhū wénmíng yú shì de
美国的内华达山上，有一株闻名于世的
dà shù shì jiè yé gāo mǐ zhí jìng mǐ shù
大树"世界爷"，高 142 米，直径 12 米，树
gàn zhōu wéi cháng mǐ yào duō gè xiǎo huǒ zi shǒu lā shǒu cái
干周围长 37 米，要 20 多个小伙子手拉手才
néng bǎ tā bào qi lai shù gàn gēn jī chù kāi yǒu suì dào néng tōng
能把它抱起来。树干根基处开有隧道，能通
guò yí liàng qì chē hé bìng pái de sì pǐ mǎ jù kǎo chá tā de
过一辆汽车和并排的四匹马。据考察，它的
nián líng zhì shǎo yǒu duō nián zhè suǒ wèi de shì jiè yé
年龄至少有 3500 多年。这所谓的"世界爷"
yòu jiào jù shān jù shān shì yì zhǒng cháng lǜ dà qiáo mù gāo
又叫巨杉。巨杉是一种常绿大乔木，高

kě dá mǐ shù gàn zhōu cháng kě dá mǐ shù pí hěn
可达100米，树干周长可达90米，树皮很
hòu yè zi hǎo xiàng zhēn xíng shēng zhǎng zài běi měi zhǔ yào shì
厚，叶子好像针形，生长在北美，主要是
měi guó jiā lì fú ní yà
美国加利福尼亚。

jù shān yǒu gè qīn qi jiào hóng shān shì měi zhōu yì xiē guó jiā
巨杉有个亲戚叫红杉，是美洲一些国家

红杉

gǔ shù míng mù zhōng de jiǎo jiǎo zhě hóngshān de yè zi yòu xì yòu
古树名木中的佼佼者。红杉的叶子又细又
cháng chéng yǔ zhuàng pái liè měi guó jiā lì fú ní yà zhōu běi bù
长，呈羽状排列。美国加利福尼亚州北部
hǎi àn cún zài zhe yì xiē yuán shēng hóng shān shù líng dà yuē dōu yǐ
海岸存在着一些原生红杉，树龄大约都已
dá nián zhì nián yīn cǐ bèi chēng wéi cháng yè shì
达2000年至3000年，因此被称为“长叶世
jiè yé
界爷”。

wú lùn shì jù shān hái shi hóngshān tā men de wén lǐ dōu hěn
无论是巨杉还是红杉，它们的纹理都很
měi guān yòu yīn wèi tā men nài fǔ nài huǒ suǒ yǐ chéng wéi le
美观，又因为它们耐腐、耐火，所以成为了
gāo jí jiàn zhù hé xì mù qì yòng cái xiǎo péng yǒu nǐ xǐ huan tā
高级建筑和细木器用材。小朋友，你喜欢它
men ma
们吗？

知识小链接 ZHI SHI XIAO LIAN JIE

有棵“格特兰将军”的红杉，树龄已有3500年，高81.5米，直径38.6米，它的材积足可建造50栋6个房间的住宅。